U0058555

·上卷·

覺悟的挑戰

現今，嶄新的法輪開始轉動

Ryuho Okawa
大川隆法

台灣幸福科學出版有限公司

前言

幸福科學的根本經典是《佛說・正心法語》，它的基本教義是「探究正心」以及具體開展的「幸福的原理」，即「愛的原理」、「知的原理」、「反省的原理」和「發展的原理」之四個原理，這亦是現代的四正道。這個教義的中心可歸結為三點——「愛」、「覺悟」和「烏托邦的建設」。

我所講述的「愛」，是指「施愛」，其根據在於佛教的「慈悲」和「佈施」的精神。「覺悟」是佛性的顯現，與實在世界的多次元結構相對應。「烏托邦的建設」則是作為佛陀所構想的理想之鄉，僧伽、學習佛法的人們建設和平社會的理想。

然而，正如《太陽之法》（台灣幸福科學出版發行）中所闡釋的一樣，「愛」和「覺悟」是透過「愛的發展階段論」相連接，並且，融合了東西方文明，即是為了建設整個地球的理想之鄉——新文明的精神支柱。就像這樣，「愛」、「覺悟」和「烏托邦的建設」合為一體後，佛的理想將得以實現。

本書《覺悟的挑戰》則是就上述觀點中「覺悟」的相關內容進行論述。對於迄今兩千五百多年前，佛陀·釋迦在印度覺悟及其說法的內容，本書將從現代的幸福科學所掌握的真理學的觀點，重新映照佛法真理之光，試圖闡明其真相。

在這個過程中，佛教學的謬誤，以及佛教中各教派教義的錯誤之處，都將會變得清晰明瞭。

本書絕非是「通往覺悟的挑戰」。如今，「覺悟」之中存在何種可能性？「覺悟」之中，是否有著真正解決世人的苦惱、開拓未來社會的力量？佛陀的覺悟，能否在現代復甦，成為照射未來的力量?佛陀的法，能否稱得上「永恆的法」？就這層意義上而言，本書正是「覺悟的挑戰」，是「大川隆法的挑戰」，亦是「幸福科學的挑戰」。

幸福科學集團創立者兼總裁　大川隆法

一九九三年　六月

覺悟的挑戰（上卷）

目次

Contents

前言——2

第一章 何謂佛教的精神——11

1 初轉法輪——12
2 苦樂中道——14
3 從梵天勸請到初轉法輪——19
4 四諦的發現——26
5 四苦八苦——35
6 苦的原因——集——50
7 用八正道消滅苦——53
8 無限接近完成之道——60

第二章
脫離無明
脫離無明……65
1 人生苦惱的原因……66
2 「貪」即是貪婪的情緒……68
3 「瞋」即是無法抑制的憤怒……70
4 「癡」即是愚癡……74
5 「慢」即是我慢和增上慢……77
6 「疑」即是「信」之障礙……83
7 從文學作品《心》來看五毒……86

第三章
苦、集、滅、道
苦、集、滅、道……93
1 苦的思想——四諦……94
2 「生、老、病、死」——四苦……98
3 「愛別離苦」、「怨憎會苦」、「求不得苦」、「五陰盛苦」——八苦……103

4 苦是應該消滅的——八正道……106
5 超越釋迦的教義——走向偉大光明的世界……113

第四章
何謂無我……117
1 對「無我」的誤解……118
2 作為人的靈魂的個性……122
3 兩種轉生輪迴……126
4 釋迦的「無記」——毒箭之喻——……131
5 真正達到「無我」的方法……136
6 為了拯救人類的理論……141

第五章
空與緣起……145
1 「空」的思想……146
2 諸行無常和諸法無我……150

3 「空」──①靈界與世間的循環 154
4 「空」──②佛光和物質化 160
5 「空」──③緣起的理法 166
6 靈魂修行和薰習轉變之理 171

第六章 業與輪迴 177

1 「業」和宗教 178
2 惑、業、苦──三道 180
3 五支緣起與十支緣起 184
4 基於「十二緣起」的輪迴觀 191
5 探究三世靈魂的流轉 199
6 「靈魂兄弟姐妹的理論」與輪迴 207

後記 212

第一章

何謂佛教的精神

1 初轉法輪

在幸福科學當中，十一月二十三日是初轉法輪紀念日。一九八六年的那一天，我在東京的西日暮里，進行了第一次講演。那是一個僅有四十張榻榻米左右大小，環境不算優雅的地方，聽眾有八十七人。當時，幸福科學的會員人數僅有一百多位，其中將近九十人從全國各地聚集而來。

以此為開端，我們開展了許多活動。正如法輪轉動一般，我感覺到幸福科學的教義每年都在不斷地傳佈開來。

正如字面意義，「初轉法輪」就是「初次轉動法輪」的意思。

在佛教的繪畫或壁畫中，常能看到後世的弟子們在描繪釋迦的姿態時，唯恐不敬，故都不直接畫出釋迦的樣子，而是以描繪車輪在樹下轉動替代。換言之，這是透過繪畫的形式，表達了「佛陀的本質，並非是擁有肉身之人，而是指教義本身，講述教義即是佛陀的本質」的道理。因此，人們常用車輪來象徵佛法的傳遞。

在初期出版的靈言集當中，我曾從某位支援靈聽到如此話語。當時我雖已悟得此法，卻不知該如何弘法，那位支援靈對我說：「就像是轉動齒輪一樣，即便最初的齒輪很小也沒關係。當它轉動時，與其咬合的下一個齒輪勢必將變得更大。開始轉動後，它就會漸漸變成一股巨大的潮流。」

回顧過去，我真的感到正如那位靈人所言，在各個時期，對自己能力的擔憂純屬多餘，在傳遞佛法時，規模的確會越變越大。

2 苦樂中道

距今兩千五百多年前，釋迦也有過類似的經歷。佛陀在二十九歲時離開迦毗羅衛城，並於將近六年的歲月裡，進行了各式各樣的修行。雖說是佛陀，但那時還尚未開悟，所以確切來說，應該是喬答摩・悉達多的修行。當時印度流行的各種苦行修練，他幾乎都體驗過。

釋迦體驗了當時所有的苦行，比如說僅憑一顆小米過日子，或把自己埋進土裡，僅露出腦袋呼吸，或在岩石上打坐禪定等等。

他曾一度餓得只剩下皮包骨。有一天，他打算在尼連禪河中沐浴時，因為體重太輕，而被河水沖走了好幾公尺遠。那時，他開始思索：「我這麼做到底對不對？」

因為身體輕如流木會被沖走，所以連在河中站立都辦不到。歷經苦行、折磨自我的結果，竟是讓自己的身體孱弱到如此地步。

喬答摩覺得「這麼下去就只有死路一條，我這麼做真的沒錯嗎？」

就在肉體生命垂危之際，正巧有一位名為修舍佉的村女出現，給了喬答摩一碗乳粥。這段故事後來衍生了各種版本，變成了神話傳說。有的說那不是普通的牛奶，而是經過多次精煉的優質牛奶，也有的說那是參雜了穀物的粥，眾說紛紜，但其實就是牛奶粥。虛弱不堪的喬答摩，喝下了那碗粥以後，立刻變得光明，能量充滿全身。

當時，喬答摩感到：「迄今為止，我一直將折磨自己的身體當作是修行、是通往覺悟的道路。但如果折磨肉體就是今生真正的使命或目的的話，那麼轉生於世間不就是個錯誤嗎？如果生而為人，只有否定肉體生活才是修行的話，那麼轉生不就沒有意義了嗎？這真的是通往覺悟的道路嗎？印度的修行者們都在實踐苦行，他們拚命地苦行，有的在火中走路，有的單腳獨立，有的日以繼夜地苦修。然而持續這種荒誕的行為，是真正的修行嗎？這樣做沒錯嗎？」

因此，他決定「一邊調養身體，一邊探求什麼才是作為人的真正覺悟」。他托缽接受供養，同時也進行瞑想修行，漸漸到達了開悟的境界。

當時，曾有五位修行者與喬答摩一起修行。他們同是郁羅迦・羅摩子仙人的弟子，但看到喬答摩入門之後不久，就達到了與師父旗鼓相當的悟境，感到非常驚異。隨後就離開了師門，與喬答摩一起進行苦行的修行。

在這些人當中，喬答摩屬「苦行第一」，由於實踐過最大的苦行，而備受大家讚許「果然很了不起！」

但是自從他接受了村女的乳粥以後，這些人就開始議論：「這是怎麼回事？他怎麼變得懶惰了？每天光是坐在菩提樹下禪定而已。他變懶惰了！他已墮落了！」於是大家紛紛離開了喬答摩，爾後，喬答摩便獨自開悟了。

因此，釋迦最初的覺悟就是發現了：「在修行的方法論當中，『苦樂中道』是很重要的。換言之，否定徹底的苦行，以及否定在迦毗羅衛城的優雅生活般的快樂，否定這兩個極端，才能走上探究真理之道。」如此中道的發現，就是釋迦最初的覺悟。

那麼，後來在樹下禪定的悟道過程中，喬答摩到底悟到了什麼呢？

當時的主流思想認為，開悟就是透過「超人」一般的超人類修行，藉以獲得超能力。即便如此，喬答摩卻認為：「事實並非如此。真正的覺悟，應該是人

3 從梵天勸請到初轉法輪

喬答摩在菩提樹下開悟了，而且有很長一段時間，他都獨自沉浸在「自受法樂」，也就是沉浸於悟法的喜悅、開悟的喜悅之中，那是一種近乎恍惚感的喜悅。他真的非常高興，心想：「我終於獲得了覺悟！這份喜悅是無與倫比的！」並在樹下一動也不動地待了二十一天，始終沉浸在那份喜悅當中（也有一說是三十五天）。

喬答摩是這麼思考的：「就算我將自己悟到的法講述給一般人聽，他們也未必能理解，所以還不如將它原封保存。我自己本身的覺悟，是完全的『無師獨悟』——即完全沒有師父引導，獨自一人獲得的覺悟。我悟得的內容如此高深，即便跟一般人講了，他們也無法理解。倒不如歸為我一人所有，在這種喜悅之中結束一生也不錯。」

就在此時，有一位名為梵天的印度神，即現在所說的支援靈、高級諸靈出現了，他講了以下的話語：

「佛陀啊！你似乎將自己的覺悟占為己有，並享受著這份喜悅，但這是不可以的！你開悟到底是為了什麼呢？是為了自己一個人的喜悅嗎？不該是這樣的。雖然講述教義很難，但是為了拯救更多的人們，你必須要講述法才行。不管受到怎麼樣的誤解或嘲笑，你都必須堅持下去。」

這就是「梵天勸請」，即梵天向釋迦勸言、請願。他說道：「請去說法吧！為了眾生，請講述你所悟到的法吧！」

然而，那時釋迦回答：「話雖如此，但我悟到的法對於普通人而言，太難理解了，而且我本身也很難捨棄，如此自受法樂之中的幸福，我不想離開這棵樹下。」

只不過梵天一直強烈地懇求釋迦「請務必去說法」，最後釋迦終於妥協說：「好吧！那我就去說法吧！」

不過，釋迦還是不明白：「我已經獨自覺悟了，那到底要向誰說法呢？有誰能夠明白我悟得的內容呢？」那時，梵天提議：「以前曾有五個和你一起修行的夥伴，現在他們在鹿野苑。你可以去那裡，首先向他們進行最初的說法。」

於是，釋迦動身前往鹿野苑。以前共同修行的五個夥伴，看到喬答摩從遠處走過來，紛紛說：「那不是那個墮落的人嗎？」

當時，人們對於修行的看法是，一旦退轉了，就失格了。他被視為完全的「墮落者」，所以大家都在說他的惡口：「看啊！那個墮落的喬答摩過來了！氣色這麼好，肯定是接受了佈施，吃得那麼胖！」並且，這五人還商量好了「他過來後，我們誰也別理他」。

然而，當喬答摩漸漸走近時，令人感覺到一種神的威嚴。喬答摩的身上在發光，且光芒耀眼。他們感到一陣眩目，並被那種神的威嚴打動了。「這是怎麼了？為何會感到這般耀眼？」

為此，剛才約定好不要理會喬答摩的五個人，還是忍不住開了口。他們對喬答摩說道：「朋友啊！你這是怎麼啦？」當時，修行者之間常以「朋友」相稱。然而，喬答摩聽後，以充滿威嚴的話語回道：「勿再稱我為『朋友』！我已開悟了！如今已變成如來了，你們不可稱如來為『朋友』！」

五名修行者驚訝萬分：「怎麼回事？這個人和過去判若兩人，完全變成另外一個人了！給人一種魄力，且充滿神一般的威嚴！」但他們沒有爭辯，只是內心有些好奇：「他到底悟到了什麼呢？到底發生了什麼事？他的樣子似乎和從前大不相同了！」

然而，對於在修行中墮落的人，為何會達到這種境界，他們無法理解。躊躇良久之後，這五個人終於說道：「好吧！請把你悟到的教義告訴我們。」

於是，釋迦將自己在菩提樹下悟到的道理，循循善誘地傳授給了這五個人。憍陳如第一個理解了，他雀躍高呼：「我明白了！我覺悟了！」釋迦朗聲說道：「憍陳如覺悟了！」於是憍陳如成為了第一個阿羅漢。

在當時，只要理解了釋迦的教義就可成為阿羅漢，所以很簡單，可是後來就越來越難了。緊接著，阿說示和其他弟子也逐漸理解了佛法。

在釋迦的時代，修行者幾乎都是以磨練肉體為主，所以他們很難理解可以透過學習佛法、教義獲得覺悟。因此，釋迦耗費了很長的時間，才讓他們理解。

儘管經過了兩千數百多年，現在還是存在著這種狀況。在日本有許多宗教團體，信眾們仍在實踐苦行，比如徒步於深山、攀登懸崖、在瀑布中坐禪等等。因此，宗教的修行方面並沒怎麼進步。偶爾會出現一位開悟之人講述佛法，但大多數宗教者還是反覆做著同樣的苦行，認為「透過超人的修行就能獲得覺悟」。

釋迦在鹿野苑對五位夥伴進行的初次說法，被稱為「初轉法輪」，也就是「最初的法輪轉動了」。從那時起，釋迦和五位友人共同修行，並互相確認各自的覺悟。不久，他們便決定向在家之人傳道。

第一個接受傳道的在家人，名為耶舍，他是一名削瘦白皙的美男子。他聽完說法後，很快的便決定出家，他的父母也變成了在家的信徒。在家信徒亦被稱為優婆塞（男信徒）和優婆夷（女信徒），自那時起，釋迦便逐漸開始了傳教活動，這就是最初的情形。

釋迦是在三十五歲過幾個月後開悟的，最初是來到鹿野苑傳道。而今世，我是從三十歲開始說法，比釋迦還要早六年覺悟。

4 四諦的發現

在初轉法輪當中，釋迦講述了什麼教義呢？他多次被梵天勸請「說法」，卻始終感到難以講述的「覺悟」，到底是什麼呢？我將對此進行解釋。

引導了最初的五名阿羅漢時，他到底講述了什麼？又悟到了什麼？

起先，正如前文所述，釋迦教導他們正確的修行態度是中道：「首先，必須謹記中道，要避免兩個極端。將自己餓得皮包骨，瀕臨死亡的修行方法斷不可取；而過度的享樂主義，像普通人一樣的修行也是不行的。

適度地嚴格要求自己，同時讓自己的人生過得更加充實。適度地嚴格，但不是過度的痛苦。如果讓自己處於痛苦，那麼來世亦將有同樣的痛苦在等待自己，各位切不可如此。修行必須是為了發展自己的人格，要重視中道，將中道做為修行的中心。

就好比是彈琴的時候，琴弦拉得太緊的話就容易斷掉，但太鬆的話又發不出聲音。只有鬆緊適中，才能彈出美好的音色。同樣的，為了長期彈奏修行的美好音色，必須調整好這條修行的『弦』，這就是修行的起點。各位必須具備這樣的修行態度。」

以上，就是釋迦最初的教義。

此外，其教義的具體內容，就是「四諦」。四諦，即是四個真理。換言之，他悟到了四個真理，並將其傳授給五名修行夥伴。

那麼，這四個真理、四諦到底是指什麼呢？

首先，人生於世間是怎麼回事，對此必須做出定義。釋迦將此定義為「苦」，並首先說道「生存於世間、活於世間、迷惑的生存，此乃苦」。

聽到這裡，各位或許會感到奇怪：「為什麼人生是苦的呢？」但請各位對此認真體會一下。所謂「苦」，是指凡夫俗子，即不知世間人生的目的和使命的人，在世間生活的姿態。人一旦開悟，苦就會消失，就不再有苦，屆時，便會出現喜悅的世界。

現在正閱讀本書學習的人，覺悟的境界都比較高，然而，還有許多人完全不知道佛法真理，或者全盤否定靈界的存在，認為死亡就是一切的結束，以為人是由阿米巴蟲進化而來，甚至認為人就是機械一般的物品。

對於這些人的人生觀和人生態度，以及到了晚年後嚷著「我很害怕死亡」而掙扎的情景，各位覺得如何呢？有人認為「人生僅僅數十年就結束了，所以在有生之年必須盡情揮灑、隨心所欲」，進而一味追求享樂。既有人酗酒，亦有人嗜賭，或毀壞家庭等等，胡作非為，過著放蕩不羈的生活。到最後，甚至還有人走上了強盜殺人之路，人生簡直是亂七八糟。

若究其根源，只不過是因為他們不知道自己應有的人生態度、正確的人生觀、人生的目的和使命而已。對此一無所知的人生，在各位眼中看來也會覺得是一種「苦」吧！的確是很可憐，「苦」真的是非常可憐、不幸的存在。

那麼，他們的結局會如何呢？當然在有生之年也會有許多反作用，但死後回到靈界，靈界有著天國和地獄之分，對於悟到真理的人而言，明白「這樣下去，十年或二、三十年之後，此人一定會下地獄受苦的」，卻沒有辦法傳達這個事實。這些人聽了也不會相信，即便告訴他們：「你這樣下去是會下地獄的！」他們也完全不信，甚至還有很多人說：「真是無稽之談！從來沒有人從靈界回來過。我也從未見過靈魂，佛神根本是不存在的！絕不可相信那種陳舊的教義！宗教所講的東西，都是為了做生意的幌子，我絕對不會受騙！」

其結果就是，眼睜睜地看著他們下地獄，並且是以倒栽蔥的方式墮入地獄。就好比是地獄的鬼怪燒開了油鍋，正等著人掉進去，這些人卻毫不知情地、心情愉悅地往裡面跳。他們的「心情愉悅」，從真實的人生來看是非常危險的，就如同乘坐在一列脫軌的高速列車上一般。總之，這種意識不到自己有錯的生活態度，就是苦。

釋迦所講的「苦」，並非是我們平時所感受的苦。從某種意義上說，那是人在世間當中缺乏真實生命的滿足感，而產生的痛苦。若以世間的人生觀思考事情，確實會感覺死亡很可怕，並且衍生各種欲望。比方說希望在有生之年隨心所欲，做過各種事情之後才死去。然而，事實難以如願，他們就陷入了苦苦掙扎的姿態。看到這種姿態，與其說是單純的苦，倒更像是包含了一種不得滿足的不安、不滿，或是一種悲哀。

這個三次元世界、物質的世界，是難以抱持真實人生觀的環境，就算是正常人也很容易犯錯。因此，釋迦才說道：「在發現到正確的真理之前，人生就好比是在苦海，就好像在苦難大海當中游泳一般，這就是人生的真相。」

據說在當時，苦主要分為三種。

第一種苦叫做「苦苦」，即苦中之苦、真正的苦、苦本身就是一種苦。酷暑和嚴寒，就是這樣的苦。比如說在嚴冬的暴風雪中，被流放在北海道的原野，這本身就是一種苦，拋去任何道理不談都是苦的，在如此冰天雪地中生活，就是一種痛苦。再比如說住在熱帶雨林中、在沙漠的烈日底下工作，這也是一種苦。又比如說疾病，沒有人認為疾病是快樂的，人人都以疾病為苦。

就像這樣，當事情本身的性質就是苦，或事情本身就帶有苦的特性時，可稱為「苦苦」、「苦之苦」，這是無可辯駁的苦。

第二種苦叫做「壞苦」，所謂「壞苦」，就是破壞之苦。這是指從某種狀態中脫離出來，或是某種狀態被破壞的狀況。

比如說，原本是一個夫妻恩愛的家庭，卻突然因某事變成導火線，引發夫妻之間的糾葛，最終導致離婚，孩子要歸其中一方撫養。這種事情也是時有發生，原本一個和睦的家庭，卻在某日突然崩潰了。

再比如說，原本工作很順利，卻因為經濟不景氣導致公司破產。至今一直兢兢業業地工作，正想著「終於當上了課長，下一步要為晉升部長而努力」的時候，卻因為經濟形勢的變動等，致使公司破產了。這是個人的力量所無法左右的，即便想努力，也是無能為力。就像這樣，原本的狀態有時會崩潰，或被破壞。

除此之外，還有很多這樣的事例。迄今為止各位視為「幸福泉源」的事物，常常會在一夜之間化為烏有，這就叫「壞苦」，即破碎之苦、破壞之苦。

第三種苦被稱為「行苦」。所謂「行苦」，就是不斷變化之苦。萬事萬物都無法停止，一切都在不斷變化的痛苦。

比如說，在櫻花盛開的季節，人們會想「光是看到櫻花，就感到很幸福。真希望能一直看著櫻花，就這麼的生活下去，倘若櫻花能一年四季盛開在庭院那該多好啊！」然而不到一週時間，有時是三天左右，經過風吹或雨打，櫻花就凋零了，這是無法阻止的事。

人也是同樣道理，誰都想要永保青春，但年齡卻每年都在增長，不管支付多少錢，也無法阻止這個事實。雖然很心酸，但也無可奈何。有人希望自己永遠是孩子，然而總有一天還是會長大。長大以後，父母終究是會過世的，剩下自己一人獨闖社會。不做事就沒有飯吃，因而必須要工作到死為止。就像這樣，人一天天變老。女性也是如此，年輕時很美麗，不過隨著年齡增長，就會出現皺紋、變得駝背，那是很痛苦的事，這可稱為「行苦」，也就是逐漸經歷變化的痛苦。

如上所述，古代的印度人將苦分成了苦苦、壞苦和行苦三大類。

5 四苦八苦

對於「苦」，釋迦做了更加精準的分類。他講道：「雖說『人生是苦，世間是苦』，但那是怎樣的苦呢？我想就此部分進行講述。我發現苦的真理是這樣的內容……。」

首先，釋迦講述了「四苦」。四苦，即是「生老病死」的痛苦，生老病死是著名的用語，想必各位都耳熟能詳吧！

出生之苦，是源於自己沒有任何自由。出生以前，本來是一個大人，在靈界當中過著自由自在的生活。但轉生之時，就要寄宿在母體胎內，在黑暗當中靜靜地待著。

我曾經和胎兒進行過幾次對話，透過不可思議的能力，我能夠與胎兒進行對話。胎兒說：「太黑了！我好害怕！好寂寞！我想早點出去！」雖然胎兒很想離開母體，但不待足十個月是無法出來的。因此，只能靜靜待在黑暗中。

此外，現今還有一種古代沒有的痛苦。在現代的日本，每年都有一百多萬個胎兒被墮胎，或遭到人工流產。這只是官方公佈的數字，實際上或許還有更多。將近二分之一的胎兒會被打掉，換言之，寄宿母體的胎兒中，每兩個就會有一個在成長過程中被打掉，這是非常嚴峻的問題。即便想要投胎轉世，但一想到「自己可能會被墮胎，不曉得我的父母會怎樣」就會感到害怕。父母的一念之差，就會導致胎兒被打掉，這就是現代社會產生的新痛苦。

就算不是這樣，胎兒待在腹中長達十個月，也會因為「黑暗、很害怕、想要早點出來」而感到非常不安。寄宿母體以前是不安的，進入腹中以後更是不安，不斷擔心著：「這次自己能順利出生嗎？」因為胎兒已擁有兩、三歲嬰兒的智慧，所以常常會這樣思考。

等嬰兒離開母體後，發出的第一聲是哭聲。之所以是哭而不是笑，就是因為之前太難受了，總算從黑暗當中出來了，所以就欣喜至極、盡情哭泣。而且除了哭以外，也沒有其他辦法可以表達自己的意志。一切都不由自主，連爬都不會，這就是嬰兒的狀態。

因此，對於靈魂而言，從靈魂原本的自由，以及做為天人生活在天界的自由來看，身為嬰兒被孕育的這種痛苦本身就是極大的束縛，是非常嚴苛的試煉，沒有相當的心理準備是無法完成的。這就好比是跳下懸崖，或者是從高臺跳進水中的感覺，人就是懷著這種心情轉生世間的。

出生後能否安全順利，亦是不得而知。不到二十歲，人就無法擁有自信，也不知道父母會遭遇什麼。原本以為「父母會一直健康地工作」，卻沒想到天有不測風雲，於是他們有可能被送到孤兒院，或被其他人收養。還有人因為父母照顧不周，打翻了熱水壺被嚴重燙傷，長大後嫁不出去了。總之，會發生什麼事情是無法預知的。

無法發揮自己力量的嬰兒，除了哭泣以外什麼也做不了。這種毫無自由的狀態，就是出生的痛苦，這就是整個人生的起點。

其次，還有衰老之苦，這也是很難受的事。年輕時處於成長期，所以就只想著如何成長，然而，總有一天會盛極而衰。一般運動員在二十多歲便過了巔峰期，相撲選手在三十多歲時就會退居二線當教練，這是很無奈的事，而棒球選手則可能是在三十五歲以後結束職業生涯。普通的公司職員大多是在五十到五十五歲退休，但也有人在四十五歲時就被勸告「提早退休」。自己明明還能再活三、四十年，前半生都在拚命為公司操勞，但卻被趕出了公司。於是，就會感到自己老了。做為一個即將離世的人，感到生命的秋冬已經來臨，人生無比灰暗，這是十分痛苦的。

此外，記憶力也會衰退，腦細胞每天都在減少，身體亦不再聽使喚。健忘、總記不住人名，甚至變得看不清字、說不清話了，這些都是衰老的痛苦。

當一切變得不方便之後，就會產生被害妄想。自己無法自由活動，不是自己的錯，也不敢說是神的錯，於是就遷怒他人，說是「妻子不好」、「兒子不對」、「孫子太差勁」，或者是埋怨「家裡房子太小」，「公司的部下不好」、「工資太低」、「退休金不夠花」等等，總之歸咎於各種外部原因。跟年輕時相比，性情的確是變得古怪了許多。

再比如說一位女性，二十多歲時年輕貌美，先生對她愛慕有加，央求她嫁給自己。然而年過四十以後，無論是怎樣的美女，也掩蓋不住歲月的痕跡。有小孩叫自己「大嬸」，就會感到很沮喪——「我在二十多歲時是有名的『〇〇小姐』，可現在卻被人叫做大嬸，小孩是不會說謊的，看來我確實是老了啊！」這的確是很痛苦，亦是一個很沉重的打擊。

當年說她是世間最美女人的丈夫，到了中年居然開始在外面偷情。經過調查，才發現他正在追求一個比自己年輕十歲的女人。年輕是無法戰勝的，不管怎樣努力都是徒勞無功，即便想著「要是能夠回到從前就好了」，亦不可能戰勝歲月。若對方是二十多歲的女人、比自己年輕十幾歲的話，自己真的是無能為力。這是很痛苦的事，但努力也沒有用，再怎麼努力，皺紋也不會減少，唯一能做的就是往臉上塗化妝品。這是一種苦，歷經變化之苦，且是無法阻擋的。就算想永保年輕，或恢復年輕容貌，但也無力回天。

這種「生」之苦、「老」之苦，是任何人都無法逃脫的，本書的各位讀者也不例外。不論是頭腦聰明之人、家世顯赫之人，還是家財豐厚之人，或者是俊男靚女，全都無法逃離這種痛苦。

此外，還有「病」之苦。鮮少有人會一生不患病，或是自己的親人從不生病。況且，每年都有上萬人死於交通事故，因事故受傷的人，更是不計其數。有人是自己本身遭遇事故，也有人是親屬碰到事故。不管哪個家庭，都必定會有人遇到事故，或罹患疾病。要不是自己受苦，就是親人在受苦，這是很不幸的事。

方才我講述了「苦苦，就是事物本身是一種苦」，疾病本身的痛苦也是無可奈何。或許有人會問：「為什麼會是這樣？難道人不能擁有永不生病的身體嗎？」但人體就是這樣的構造。若沒有攝取足夠的營養，人會死於營養失調；若攝取過度的營養，人又會死於肥胖。此外，過度運動會傷身，運動不夠身體又會變差，過度飲酒則會損壞肝臟，這樣的例子不勝枚舉。身體不保養就會變壞，所以必須經常注意自己的健康。但即便是精心保養，也還會有突然生病的一天。在現代的社會，疾病大多是源於精神的壓力，而不是肉體問題。

總之，人是無法逃離「病」之苦的。釋迦本身也曾在晚年患病，身體日益衰弱，並且病痛纏身，最後還死於食物中毒。不管是任何人，都難逃疾病之苦。

最後，還有「死」之苦。對此，各位讀者或許會認為自己已經覺悟了，所以是「沒關係的」。然而，一旦進了醫院，無意中聽到醫生對家人說「自己命在旦夕了，只剩下半年、三個月，或是一個月生命」時，各位還能平靜地接受現實嗎？現代人幾乎都是在醫院去世，因病死亡的那一天終將會來臨。

過去的人多是自然死亡，但近幾年來，自然死亡的例子非常少見，多數人都是病死的。若是學習真理、平靜愉悅地生活的話，就能夠自然死去，對此，請各位銘記於心。有人在清晨讀誦完幸福科學的根本經典《佛說・正心法語》後，就微笑著辭世了。如此一來，自己不會痛苦，也不會給家人添麻煩。如果依循真理度過生活的話，就真的有可能在某天早上醒來，讀誦了《正心法語》，跟家人打過招呼、道完別後就自然辭世了。不用進醫院受折磨，能乾淨漂亮地死去。只要調和己心，在有生之年不給別人添麻煩而開朗地生活，就能夠平靜地離世。在誦讀《正心法語》時，感到「啊！我的時辰到了，有人來接我了」，於是就跟親朋好友打招呼說「我的時間到了，感謝你們對我的照顧」，然後就死去，我想這也是完全有可能的。

若是悟到真理的人就能做到，不過普通人是不行的。有很多人非常害怕死亡，甚至會想「只要我自己能得救，殺多少人都無所謂」，這就是一種痛苦。因此，信仰宗教、知曉靈界的存在，亦是逃離人生最大的苦——「死之苦」的好方法。若對此一無所知的話，是很危險的。

我在《宗教的挑戰》（幸福科學出版發行）一書中曾經提過，某位有名的國立大學教授，雖然身為宗教學的先驅者，卻在臨終之際還不知道人死後會怎樣。這位教授患有癌症，儘管他一直在探究「人死後會怎樣」，最終也只知道「死亡就是跟世間道別」，而對於「死後的狀況」則是百思不得其解。普通人這樣還可以理解，但做為一個研究宗教幾十年的人，實在是太可悲了。

我相信總有一天人們會明白，「堅定地抱持正確的人生觀，是多麼幸福的一件事！」生老病死這四苦，是任何人都無法逃避的。所有人都會死去，這個預言是絕不會有錯的，釋迦首先就講述了這樣的人生真理。

隨後，還有「八苦」，就是在四苦的基礎上再加上了四條。首先，是「愛別離苦」，即與相愛之人別離的痛苦。人生之中總會有不想分開的好友，或自己依戀的父母、兄弟、朋友，或是丈夫、妻子、孩子等等。然而總有一天，我們會不得不離開自己深愛的親人或朋友。有時是因為疾病、事故等死別，也有時是一生無法再相見的生離。比如說戰爭，可能導致人們經歷生離，原本關係很親密的兩個人，也可能因為思想信條衝突而分離，或由於宗教、信仰觀念的不同，導致夫妻反目，最終與相愛之人離別。或許有人就因為信仰了幸福科學，而不得不與曾經的好友分別。總之，人生之中必定會經歷與相愛之人離別的痛苦。

反之，人生亦有「怨憎會苦」，即與討厭之人相會的痛苦。

就拿我自己來說，在從事宗教工作之前是在國際商社工作，當時就常遇見不喜歡的人，有時是在國外被騙，有時是碰到討厭的人。進入宗教世界以後，亦有人對我的言論表達不滿，但也正是走在這宗教家之路，所以不得不面對這些人。如果回到以前的生活，肯定不會遇到這種事，既然我現在從事了宗教工作，這就是不可避免的。

就像這樣，人生之中有著各種選擇，卻總也避免不了與相愛之人別離、與討厭之人相會的痛苦，各位也應該經歷了不少愛別離苦和怨憎會苦。

此外，還有「求不得苦」，即求之不得的痛苦。這可謂是痛苦的典型代表，幾乎所有人都曾體驗過。

比如說，想要找個好工作卻找不到，想要出人頭地卻做不到，想要結婚卻找不到理想的對象，想要更高的收入卻無法如願，想要住進光線更好的房子卻又買不起。或者是好不容易買了房子，卻因為隔壁蓋了更高的大樓，而把陽光給擋住了。再比如說，想要獲得高學歷，卻總是無法通過考試等等。就像這樣，求之而不得的苦惱可謂是堆積如山，每個人都有自己的苦惱，所以說，求不得苦是相當普遍的。

回顧過去，各位曾追求過各式各樣的東西，但能得到的，終究還是占少數。如果人生可以按照自己的意志重新來過的話，我們還會有許多想要達成的事情，然而多數都是無法如願的。

並非只有你一人是這樣，其他人也是一樣，總有很多無法如願的事物。儘管每個人的情況多少有些不同，但所有人都有許多不如意。

有人因為找不到妻子而苦惱，也有人因為有了妻子而苦惱，那是因為得不到賢妻良母而苦惱；有人因為想要孩子卻得不到而苦惱，也有人因為孩子幹壞事而痛苦，或者是因為孩子不夠聰明而苦惱。那麼，是不是給了他需要的，他就不苦惱了呢？也不盡然。總之，求之不得的痛苦是永無止境的。

最後，還有「五蘊盛苦」，也稱作「五陰盛苦」。「五陰」，就是指肉體的煩惱，肉體煩惱強盛的狀態，即為五陰盛苦。一旦覺醒於精神生活的話，有時就會很厭惡這種煩惱。

為何每天會感覺到饑餓呢？自己明明是靈性的存在，怎麼還會一到中午就感覺肚子空空，少吃一頓都餓得難受。真是羞愧啊！不吃飯就會變成這個樣子。心裡明明想著「不要挑食」，卻怎麼也改不了。飲酒也是一樣，怎麼戒都戒不了酒，這就是一種煩惱。

此外，還有異性的問題。不僅年輕人有這個問題，有時到了中年以後，甚至是晚年，還是無法平息熱烈追求異性的火焰。即便心裡想著：「如果沒有這種欲求，該多麼輕鬆啊！」但還是身不由己，這就是一種痛苦。伴隨著肉體本身產生的煩惱，是無法抑制的。就算是知道「為何會這麼痛苦？宗教對此要求很嚴格的」，也還是抑制不住煩惱。

綜上所述，「生、老、病、死、愛別離苦、怨憎會苦、求不得苦、五蘊盛苦」，這四苦八苦是任何人都無法逃避的。只要生活在世間，就必定會伴隨著這些苦。

6 苦的原因——集

釋迦的五個弟子們問道：「原來如此，我們已經理解了『人生即苦，是一個真理』。可是，到底該怎麼做才好呢？難道只能這樣痛苦下去，沒有解救方法了嗎？」

對此，釋迦是這樣回答的：「不，我已經找到解救方法了。雖說人生即苦，然而苦是有原因的。先有原因，爾後才有了這種結果。因此，發現痛苦的原因是很重要的。」

這就是「集」，將原因聚集起來，或者說歸結到一點，並知道何謂癥結所在，這就稱為集。

就好比說疾病，最初的「苦」就是疾病的狀態，倘若「感冒」的病狀即為苦的話，那麼「集」就是指感冒的原因。詢問「你是否在擁擠的電車上，碰到了咳嗽感冒的患者」，或是「在寒冷的大雪天裡，你沒穿外套就出去了」，這就是在探尋原因。尋找痛苦的原因，這些原因就是集。「感冒的狀態」、「感覺到難受，靈魂正遭受痛苦」等等，這些是「苦」。與此相對，比如說「會這麼痛苦，就是因為你做了這件事」，或「因為在大冷天，你沒穿外套就跑到外面去了」、「你和感冒患者接觸過、並相處了好幾個小時，所以被傳染了」等等，這些都是「集」，也就是發現了原因。

再比如說，關於「求不得苦」，即求之不得的苦惱，也應該去思索苦惱的原因。若是因為「沒能在公司晉升」而苦惱的話，就要去思索自己為何無法升遷。同期進入公司的人都升職了，卻只有自己在原地踏步，所以為此感到苦惱。此時，就應該去尋找原因，而不是滿腹牢騷。

如此一來，就會發現有時是因為自己對上司抱持著反抗的態度，有時是因為「自己沒有好好學習，學生時期只顧著打麻將」，這種情況下當然不可能做好公司的工作。進入公司以後，原本應該認真學習的東西，自己也沒當一回事，等到發現自己升遷很慢，才埋怨：「真奇怪！怎麼就我沒升職呢？」然而，這是此人自己的不對，早就該思考這個問題了。

再比如說，當身體出現問題時，才發現：「啊！最近從來都沒有運動過。原以為還有學生時期打球的底子，肯定沒關係，沒想到十年過後，身體變得虛弱不堪，就是因為沒在鍛鍊，所以才生病了。」這就是此人自己的問題。

如上所述，若感覺痛苦，就要去尋找痛苦的原因。

7 用八正道消滅苦

其次，是「滅」，即想像減輕痛苦後的狀態，或想要消滅痛苦的念頭。

比如說，有人會在生病時，思索疾病治癒後的狀態，或是恢復健康時的狀態。有人會在不如意時，想像經濟狀況好轉時的情景，或是得到晉升後的情景。還有人會在家庭不和時，想像與家人和睦相處時的情景，或是想像家庭美滿時的狀態。於是，此人就會開始思考：「還是夫妻和睦的時候比較好！那時孩子很開心，我們一家人每天都過得很快樂。因此，必須要重新回到那個狀態。」這就是「滅」，即希望消滅痛苦。

那麼，為了進入「滅」的狀態，或者說為了治癒疾病，到底該怎麼做呢？這肯定是有方法的，這個方法即是所謂的「道」，也就是路標、前進的方法。而這個「道」，就是著名的八正道。

幸福科學也有講述釋迦的八正道。

首先是「正見」，即正確地看待事物、持有正確的見解。要摒棄錯誤的看法，用正確的觀點看待事物。換言之，不要單純地用肉眼看待事物，而要透過宗教的眼光、真理的眼光、佛的眼光、正確信仰的眼光去看待他人、自己和世界，人必須持有這樣的「正見」。

第二個是「正語」，這個順序跟一般的八正道有所不同，我特別針對現代人，將言語的教義放到了前面。這就是檢視你是否有正確說話，源於言語的不幸是無休無止的，在公司、家庭，都有這個問題。一個家庭的破裂，往往是因為言語問題所導致，有時甚至因為一句話而讓家庭破裂。然而，鮮少聽說因為丈夫用球棒打了家人而導致家庭破裂，或是因為妻子用炒菜鍋打傷了丈夫而離婚的。事實上，多數情況下都是源自於夫妻在日常對話中，先說了傷害對方的話語，所以才導致家庭破裂。在公司的工作環境中，也常常是因為言語問題，導致了人際關係的惡化。由於出口傷人，或是在背後說人壞話，才會導致人際關係的問題。因此，在現代社會中，言語是非常重要的。

第三個是「正業」，即正確的行為，這是指「不可殺人」、「不可姦淫」、「不可偷盜」等基本的行為準則，我將此譯成現代的語言，「正業」中也包含著「正確地工作」的意思。若是公司職員的話，就在公司做好本職工作；若是家庭主婦的話，就將家中的事情處理妥當，這就是為了度過正確人生的中心。

第四個是「正命」，即正確地生活，這是指滿懷宗教心的生活。每天過著充滿感謝的生活，每天讀誦《正心法語》、調和己心，過正確的生活。作息正常、自戒己心，同時過著積極向上的生活，這就是正確的生活，即正命。

正見、正語、正業和正命，這四點是容易做到的反省。

第五個是「正思」，即正確的思想，是指探究內心的狀態。如果不學習佛法真理、宗教的真理，是很難做到這一點的。很多人認為佛法真理是古老的道德，因而輕視這一點，但知道了宗教的世界以後，才懂得問題源自內心，普通人是不明白這一點的，只有在行為發生後，才能夠明白。比如在說出惡口之後，才會明白「這樣說是不對的」；出手傷人後，才會被指出「使用暴力是不對的」。但真正的宗教人知道：「在形於外之前，內心所思也是很重要的。」這就是正思。

正思之中還包含很多內容，最根本的就是消除稱為「貪、瞋、癡」的「心之三毒」，即貪欲、憤怒、無明和愚昧，這是正思的反省。

第六個則是「正精進」，這是指每日修行，每日播下善種、培育善種。總之，就是依循佛心進行播種、培育。

與此相對，切記不可播下惡種，不可為自己造下惡業，不可遂行惡事。並且，不可對人惡語相向，不可對人行惡。倘若過去曾經做過惡事，此次就要在惡的種子成長之前將它摘除。總之，不要播下惡種，若是播了惡種的話就要將它摘除，阻止它成長。

要每天播下善的、好的種子，例如對人說出「愛語」，多說正確的、善良的話語，多做熱心的活動，多向他人傳授佛法真理，多進行傳道，並努力培育這些善的種子。以這些行動為中心，同時追求精神上的進步，這就是正精進。

第七個是「正念」，這是指正確的心念、意念。透過集中意念，將能夠開啟更廣闊的人生，因此，意念的集中是非常重要的。

換言之，就是努力不要將精力分散到真理、佛道，或是佛法之道以外的事物上，這也是正念。若是將精力分散到其他地方，就會變得一事無成，所以必須將心念傾注在佛道修行、通往覺悟之道，以及建設世間烏托邦的道路上，並時常將此銘記於心，這就是正念。總之，不可為佛道以外之事分心，不可為世間俗事分心，要時刻謹記這一點，常將自己置身於修行中，並留意與他人保持和諧。

而且，透過心念的力量實現自我的心念，也是源自正念之中。描繪正確的理想，並以此為目標，每日朝著這個方向努力，如此心念就是正念。

第八個就是「正定」，即正確地入定，這是反省的修行。要進行反省、瞑想，有時還可以包括祈禱。祈禱屬於正念，但若做為正式的修法，也可以歸結為正定。

在正定之中，是將精神統一本身當做一種儀式，或一種修法。有時即便是想要進行反省，但若被日常生活的俗事纏身，也是很難做到的。此時，就要讀誦《正心法語》，並對自己一天的所思所為進行反思。例如，發現「自己對丈夫說了不該說的話，不應該諷刺丈夫的獎金太少，要知足才對」等等，必須要認真地反省。

不僅要反思自己說錯、做錯的事，還要回顧自己做了什麼積極的事。比如說，今天是否度過了能讓佛稱讚的一天？當守護靈窺見自己的全部行為時，是否會為我欣喜呢？這就是正定，且依據各位的修行層次分為了很多階段。

8 無限接近完成之道

以上就是八正道，即八條正確的道路。「苦、集、滅、道」合稱為「四諦」，而最後的「道」就是八正道。因此，在初轉法輪時，釋迦講述的最初教義就是「四諦、八正道」，這就是釋迦最初的覺悟、出發點。絕不會因為這是最早的教義，所以就沒有那麼重要。對於各位而言，它至今仍有著非常重要的意義。

接下來，讓我們來複習一下釋迦在菩提樹下的開悟，以及初轉法輪時所講述的內容。

在修行過程中，

中道的態度非常重要，

中道，即是遠離極端、否定兩個極端。

中道思想的內容是，

苦、集、滅、道之四諦。

首先，必須要看透，

人生之苦、迷惑的生存、迷惑的人生，

以及基於錯誤人生觀的世間痛苦。

此外，必須知道痛苦的原因，

要祈求「消滅苦，消除苦，並獲得幸福」。

八正道即是為此而存在，

即八個目標、八個路標，
這即是消除痛苦的方法。
要每天都加以實踐，
這是調和己心的方法。
因此，八正道亦是中道，
中道也是發展自己之道，
這就是八正道。

釋迦最初講述的，就是這個無限接近完成的道路，這亦是沒有終結的道路，此即為「四諦、八正道」。

本章對於初轉法輪進行了重要的論述，請各位務必謹記在心。

（注）：釋迦的八正道順序為「正見、正思、正語、正業、正命、正精進、正念、正定」，本章的順序則是從實踐的觀點出發。可參閱《佛陀的證明》、《八正道的心》（皆為幸福科學出版發行）。

第二章

脫離無明

1 人生苦惱的原因

本章的題目是〈脫離無明〉，正如字面意思所示，這個「無明」就是指沒有光明的狀態。就像是夜裡趕路時，在山中摸索前進的狀態，不知道會在何處摔倒，亦不知道會碰到什麼，或有什麼東西朝自己飛來。總之，手所碰、腳所觸之處，無不令人膽戰心驚。這個佛教用語以英文來說，就是「ignorance」，亦可稱為「無知」。在某種意義上，這就是「沒有智慧的狀態」。

實際上，可以說「無明」幾乎是人生苦惱的全部原因。正是因為在沒有光明，或者說沒有智慧之光的狀態下度過人生，所以才會產生各種的苦惱。大多數人都被掩埋在這種煩惱、痛苦之中，無法自拔。

一言以蔽之，這就是「無明」。但無明的狀態，到底會衍生什麼呢？對此，我認為需要加以考察，這亦是覆蓋佛教整體的大課題。在此，我不會做太詳細的分析，但若舉出代表性的概念，那就是「心之三毒」的思想，即毒害人心的三種事物。

這三種事物，就是「貪、瞋、癡」。所謂「貪」，就是貪欲。「瞋」，就是憤怒、憎恨的情緒。而「癡」，就是「愚癡」。自古以來，「貪、瞋、癡」被視為蒙蔽人心的「心之三毒」，不僅出家者是如此，對於在家者也是一樣，這三者就是一切迷惑的根源。

2 「貪」即是貪婪的情緒

首先，「貪」就是指貪婪的情緒。比方說，請想像一隻野狗把鼻子伸進垃圾桶裡尋找食物的情景。各位會感受到這隻野狗的貪欲。即便當事人意識不到，但周遭之人就能看到那種貪得無厭、淺薄鄙俗的欲望。

這種淺薄的貪欲是什麼呢？首先是食欲。例如當所有人都在禮貌用餐的時候，若有一位饑餓無比的客人突然走進來狼吞虎嚥，那勢必會讓在場的其他人難以進食。

此外，還有性欲。有人擁有強烈的欲望，無法控制自己，甚至於一看到異性就被欲望牽著鼻子走。

欲望是沒有止境的，從成功欲到物質欲等等，人們總是有著各種的欲望，什麼都想要得到，這就是貪。

「貪」，就是「奪愛」。而「貪」的相反，用幸福科學的教義來說，就是「施愛」，或是「佈施」。在某種意義上，這也就是「捨棄貪念」的教義。

以第三者的角度觀察他人的「貪」時，能夠看得很清楚。但對於自己是否持有過度的欲望，卻總是很難發覺。因此，必須時常觀察世間之事，努力做到客觀地看待自己。

3 「瞋」即是無法抑制的憤怒

「瞋」，就是指自己無法控制的憤怒。很多人脾氣暴躁，很容易生氣，因而一時失去理智，就不知道自己在說什麼了。等到事後冷靜一想，才發現自己並非是有心要發怒，只是一時控制不了騰騰的怒氣，這就是「瞋」。

這也是自古以來就有的一種心毒。一旦怒氣爆發時，好不容易才獲得平靜的心，又變得波濤洶湧，這是非常不愉快的感覺，夜裡也難以入眠。總之，與人見面就不爽快，常會發生摩擦。

再舉另一個例子，有人在公司的業績非常好，且頭腦靈活、能力很強，外表也很體面，但總是得不到升遷。這些人大都有一個共同的特徵，即「瞋」，易怒，愛生氣。由於他們常常會突然性情大變，所以好不容易得到九十九分，差一點就滿分時，結果卻因暴怒毀於一旦。

每當上司準備提拔他的時候，就立刻有人反對：「他愛亂發脾氣，發生狀況時根本靠不住」、「要是他和客戶吵起來怎麼辦」、「他要是進了管理階層，肯定天天罵部下」、「他有時候還會頂撞上司呢」、「他總是鬧情緒，不適合成為管理階層吧！」等等。因此，此人始終無法升職，即便是能力很強，但性格急躁通常是難以出人頭地的。

這也是一種動物性的表現，動物們是很容易露出牙齒的，不管任何動物都是如此。一旦感覺到危險，就會立即露出尖牙，豎起利爪，渾身毛髮倒豎，可以說易怒之人也是如此。比如說，其他人接近自己的地盤時，就會立即發出攻擊，彷彿野豬一般，猛然對著周遭之人豎起渾身的針，這就是動物的一種本能。因此，要學會控制自己的怒氣，時常保持平和之心，才是適合修行的狀態。

不過，這也有例外。我方才所講的憤怒，都是指「私憤」，人應該控制私憤。與此相對，世間還存在「公憤」，即公眾的憤怒，這是絕不可消除的。若是完全失去了這種公憤，就沒有推動社會前進的力量了。

例如一直持續著嚴苛的暴政、封建體制，且民不聊生，農民們忍無可忍了，此時就會有人像明治維新的志士那般發起革命。雖然這也是源於憤怒的行動，但並沒有錯，因為這是一種公憤。公憤是絕不能喪失的，因為這與正義相關聯。

因此，請各位知道這一點。人們要消除私憤，即自己個人的、本能的、反射的憤怒，但必須在某種程度上持有公眾的憤怒，即內涵理性的憤怒，否則，社會就不會有進步。

舉凡宗教改革等，大多都內藏著這種公憤。「現今的宗教無法拯救世人，因此，要站起來改革！」這種能量就是公憤。這與「瞋」是不同的，請各位不要混淆。

此外，就個人的情況而言，「憤怒」和「批評」也是完全不同的。並不是看到他人犯錯時，自己坐視不管，或嬌縱放任就是好的，有時候必須要「批評」。例如孩子一直搗亂不聽話的時候，身為家長就必須嚴加批評。若是不批評、嬌寵下去的話，孩子就會越來越任性。就像這樣，對於不成熟的人進行強硬的指導時，這種行為並沒有錯。

請各位要知曉，「瞋」存在以上兩種例外情況。

4 「癡」即是愚癡

「癡」這個字使用了病字旁，給人一種病態的感覺，但一言以蔽之，這即是「愚」。聽到這裡，各位或許會感到自己是否也是如此。

提及「愚」，世人皆是愚癡之人。從某種意義上說，若非是真正的覺悟者、真正的佛陀，世人都是愚癡的存在。不過，重要的是，即便是愚癡的存在，也不可發展到病態的地步。

病態愚昧的「癡」，就好比是為了吃餌而被釣起的魚。魚的愚昧，就在於牠會被餌料誘惑而上鉤。人們一看就知道是誘餌，但魚卻渾然不知，一口咬住餌料而上鉤，這就是因為智慧不夠。

比如說，捕鼠器也是如此，若將捕鼠器的入口打開，裡面放上餌料，老鼠就一定會走進去。但牠吃到餌料後，蓋子就自動關閉了，第二天老鼠就將面臨被殺的命運。事實上，老鼠是非常膽小的，牠每次都會確認沒有危險後才敢靠近目標。牠以為四下無人就安全了，結果被誘餌驅使，走進了捕鼠器。從外面來看，也會知道進入網中是很危險的。而老鼠卻笨笨地以為「有入口就必有出口」，結果就被關進捕鼠器了，這就是老鼠的愚昧。

再例如，捕捉蟑螂的捕蟑器。蟑螂有著看到通道就想穿過的習性。只要給牠一個通道，牠就會從容不迫地鑽進去，結果就會被抓住了，這也是一種「癡」。

就像這樣，人們很明白各種動物的「愚癡」，但對於自己的「愚癡」，卻很難有所發覺，這樣的情況有很多。

比如說，經常能聽到「有人從農村來到東京，結果被他人的花言巧語所矇騙，下場很悲慘」。此外，信仰宗教的人，也有著容易被騙的特質，一旦被人喚起同情心，就容易上當受騙。

因此，我認為反省自身「癡」的部分，也是非常重要的。

5 「慢」即是我慢和增上慢

「慢」，就是指傲慢的「慢」，這亦是無明的一種表現。所謂「慢」，也就是驕傲之心。在此，需要注意二點，其一是「我慢」。

首先，「我慢」是指「傲慢之心」，這是佛教用語，「我慢」即是「凡事不離我」的想法。

比如某事取得了成功，那明明是許多人齊心協力的結果，但有人卻說「這是我的功勞」、「全靠我才成功的」，這種想法就是「我慢」。

但這是很難判定的，他確實付出了努力，也擁有才能，並促成了成功，所以才會忍不住想要邀功。然而，若從真理的角度來看，這種行為就是錯誤的。

或者，某個孩子很用功讀書，並考上了有名的高中或大學，於是他就四處炫耀「我考上名校了，我很優秀」等。當然，他很會讀書，考試成績也不錯，的確是值得被眾人稱讚。然而，在他考上名校的背後，既有父母、老師的心血，亦有經濟上的支撐，以及地理上的便利條件等等。正因為各方面的條件齊備，他才能夠考上名校。但當他忘了這一切，以為是全憑自己的實力才考上的話，此處就會產生「慢心」，這就是一種我慢、自滿。

此外，政治家也是如此。有人當選後，參與了國家政治，就覺得自己實在是了不起。但若是過於自大的話，就可能會在下次選舉中落選。究其落選的原因，通常不是什麼大事，不過是因為講過輕視選民的發言。

十多年前，某位首相本人曾自滿地說道：「我能聽到來自全國各地的支持聲！」結果在黨首的選舉中退居第二位，因而不得不放棄正式的首相參選。在民意調查中，他明明是處於優勢，但是在自民黨的黨內投票中他卻落選了。這就是因為他的自滿自大，以及過於狂妄的表現所導致的。

歷經艱辛後獲得成功的人，也常有這種傾向，他們總是不厭其煩地吹噓自己的成功經歷，這裡面也存在自滿的成分。

又如方才我提到了孩子的傲慢之心，反之，也有這樣的家長。當自己的孩子在事業，或學業上有所成就時，很多家長就會湧現出「這都是因為我教得好、這是因為我們家的教育方針正確、這都是因為家長很優秀」等想法，這也是同樣的自滿之心，請各位務必提防這一點。

之所以要提防自滿之心，是因為自滿之心會阻礙此人今後的進步，儘管自滿之心本身也有著正當的部分，但如果不時常保持謙遜之心，就會破壞人們進一步精進努力的念頭，即「妨礙正精進」。

此外，還有一種與此相似的心態，那就是「增上慢」。這是修行者身上特有的一種心境，即隨著悟性提高到一定境界，就會出現一種自戀情結。對於宗教修行者而言，這是自古以來難以避免的心境。當然，隨著悟境的提高，人們自然會更加地有自信。然而，一旦認為自己「覺悟了」，就再也看不到自己的不成熟和錯誤之處了，且無法進行反省。最終自己在誹謗、詆毀他人的過程中，走進了死胡同，自己卻渾然不知。

歷史上有個例子，是釋迦的法敵——提婆達多。提婆達多是釋迦的堂弟，他還有個弟弟叫做阿難。這兩人頭腦都很聰明，在釋迦的教團當中身居要職。然而，提婆達多仗著和釋迦是堂兄弟關係，就覺得和其他弟子有所不同。他的弟弟阿難又擔任釋迦的貼身秘書，倍受器重，因此，他既有傲慢之心，亦有著對自己弟弟的嫉妒之心。

不過，他確實很聰明，不僅善於學習佛法，還能夠進行說法。然而漸漸地，他就開始說出「我自己也能像釋迦那樣」的話語。後來，釋迦的教團不斷發展壯大，信徒不斷增加，甚至還有許多國家的國王皈依佛門，並提供政治、經濟上的援助。這個提婆達多也接受了一個名為阿闍世的邪惡國王的皈依，並從他那裡得到許多的金銀財寶，變得非常狂妄、不可一世。他認為所有成績都是自己取得的，開始建立了釋迦教團的分派。可是最終等待他的，當然是墮入地獄的命運。

他的確是一名優秀的佛弟子，但終究沒能克制自己的傲慢之心、嫉妒之心，因此就墮入了地獄。假如他稍有謙遜之心，也就不會落得那般下場，他的「增上慢」最終害了自己。

在幸福科學長期學習的話，也會感覺到自己懂得了許多真理。尤其是成為講師或支部的幹部之後，會面對各種人講述教義，於是就會覺得自己非常聰慧，特別了不起。事實上，在佛法真理方面，他們的確要比普通人懂得多。但在其他的社會知識，或社會經驗等方面，許多人就比他們更精通。然而，他們以為獲得的講師資格和頭銜，就像是處處通行的護照一般，自恃在任何領域都比其他人強，進而開始做出不合身份、不合心力的事情。如此一來，等待他們的就必將是失敗。對此，請各位務必時常有所自戒。

6 「疑」即是「信」之障礙

「疑」，就是指疑問的「疑」。在現代社會，常聽人說「有著疑問」是一種非常好的態度。人們常認為抱持著科學的探究態度，或新聞記者般的發問態度，藉此不斷地消除疑問，是一種值得肯定的做法。而且，近代以後的哲學對於提出疑問，並解決疑問是非常重視的。總之，世間之人將疑問合理化的傾向性很強。

然而，對於信仰的世界而言，這是非常危險的隱患。宗教，追根究柢就在於一個「信」字，即信仰。所謂信仰，就是相信眼所不見的事物。心是看不見的，神和佛也是看不見的，大宇宙的光是看不見的，愛和慈悲也是看不見的，這一切都是眼所不見的世界。人的可貴之處，就在於能夠相信這樣的世界。人的尊貴，就是透過如此信仰所表現出來的行為，這是人與動物的不同之處。

透過學習和研究的態度去追求事物，這本身絕不是一件壞事。但若是常常心存「懷疑」的話，就有可能會失去最尊貴的寶物，或者說最珍貴的果實。

比如說到了秋天，葡萄成熟後，一串串地垂掛在枝頭，此時摘下來就可以吃了。若是在品嚐之前，偏偏有人要想半天「這葡萄是什麼品種的啊？是否澆過水，或噴過農藥呢？」還要把葡萄皮剝下來再檢查一番的話，恐怕吃葡萄的愉悅感早就蕩然無存了，「疑」就像是這種情況。

因此，探究疑問的態度固然很重要，但切不可因此而喪失最重要的東西。何況總是懷有疑心的話，人就無法保持平靜心，或者說平常心。對於他人的懷疑也是如此，一旦懷疑起來就會沒完沒了。當然，人不可能事事順心，有時也免不了被他人背叛。但是，在心中對此有所警惕的同時，還應該在大的方向保持信仰心。

以上就是對於「心之五毒」的論述，這些都是無明的表現。請各位瞭解這些事實、知識，並經常檢視自己，從無明中脫離出來，這是非常重要的。

7 從文學作品《心》來看五毒

以前，我曾碰巧看到了由夏目漱石的《心》改編的電視連續劇。事實上，我在學生時代就曾看過原著，並且受到該書的文學色彩所感動。此次我站在傳授真理的立場，再次觀看這部電視劇時，有了不可思議的感受。

想必很多人都對該內容有所瞭解吧！首先，主角遇到了一位老先生，他稱之為老師，這位老師是很有學識的人。有一次主角去老師家時，老師告訴他「其實我有一段痛苦的過去」，而其內容都寫在遺書當中。

據遺書所述，老師在學生時代，曾投宿在一名寡婦家裡，並愛上了房東的女兒。之後，他收留了學友K——一位僧人的兒子，因為K從醫學系轉到文學系而被逐出家門，家裡不再為他提供學費，而K也愛上了房東的女兒。

有一次，K問「老師」：「你喜不喜歡那位小姐？」而「老師」回答說：「不，我不喜歡。」然後，K又陷入了沉默。

最後，「老師」終於忍不住，還是向小姐求婚了。而房東也同意把女兒嫁給他。K聽聞此事後深受打擊，遂即自殺了。K自殺以後，「老師」和小姐結了婚，但婚後一直沒有孩子，日子過得很不開心。後來，明治天皇駕崩，乃木將軍殉葬，「老師」也暗自下了自殺的決心，並將遺書留給了男主角。

以上就是故事的大綱。

以前，我認為這個故事是在講述青春和戀愛的糾葛，直到現在我重看這部電視劇時，卻發現到了很多問題。

關於僧人的兒子K，之前我一直認為「不可說死者的壞話」，並將他看成是一個純真的年輕人，但現在看來卻感覺不同。

從「心之五毒」的角度來看，他首先是「貪」，有著貪欲。自己被父母逐出家門沒有經濟基礎，受到友人的經濟援助才得以借宿。在既沒有錢，又被逐出家門，學業也尚未完成的情況下，竟然還想跟一位姑娘談戀愛、結婚，這就是「貪」，或者說一種貪欲。身為男人，如果沒有經濟獨立、社會地位，就說明結婚的條件還很不成熟。他身為僧人之子，在佛道修行的氛圍下還會有這種想法，這只能說是「貪」性使然。

其次是「瞋」，即憤怒。因為友人搶在自己前面求婚，他就以自殺作為報復。或許他自己覺得無所謂，但他的朋友和那位小姐卻因此蒙上了一層陰影。在某種意義上，他就像是憑依靈一樣，糾纏了人家一生。然而，這種憤怒是不正當的，因為一切都是由於他的愚癡引起的。

再次是「癡」。他不夠聰明，學生時代借宿在人家，因為看上了房東的漂亮姑娘就萌生出結婚的念頭，這無異於魚去吃餌一般的單純。一言以蔽之，就是他缺乏社會經驗。若是他完成學業進入社會的話，還會遇到很多適合自己的女性。此外，在幸福科學能夠學到光明思想、常勝思考等各種教義，但他卻對這些教義一無所知，還自恃「作為寺廟的僧侶，我已經覺悟了」。然而，他根本沒有真正意義上的智慧，這就是「癡」。

隨後是「慢」。劇中的「老師」倒是常常自我批判，有著自虐般的傾向。而自殺的K，卻認為「自己是在寺廟中長大的，精神上是要求上進的，所以不會被欲望所左右」。結果這樣的自己一下子就被打倒，最後走上自殺之路，我認為這也是一種「慢」。

此外是「疑」，即懷疑。對朋友的懷疑，對房東太太和房東女兒的懷疑，對父母的懷疑，對社會的懷疑……等等，總之他心中充滿了各種的懷疑。他覺得「一切的一切，都在無形的地方迫害著自己」。

如果K直接向房東女兒求婚，是否就能被接受呢？答案無疑是否定的。他被父母逐出家門，沒有經濟實力，還過著寄人籬下的生活，所以是不可能求婚成功的。儘管如此，他依舊認為是朋友背叛了自己，並且在意他人的眼光，一直悶悶不樂，這就是「疑」。

總之，他把「貪、瞋、癡、慢、疑」五點都齊備了，最終以自殺告終。當然，他的結果是墮入了地獄，無法回到天國世界。這一切都是他自己造成的，對此若不進行反省，就無法進入天上界。這既不是他朋友的錯，也不能怪房東太太或女兒，一切都是他自己的問題。

地獄界有著很多這樣的人，總是責怪他人，或沒有解決自己的問題便死去的人。然而，人必須要跨越自己的問題。若做不到的話，就只能說是自己太軟弱，或者說是因為無明，即「沒有光明的狀態」，對此，各位不得不知。

另一方面，和房東女兒結了婚的「老師」，一生沒有子嗣，過著沉悶的生活，最後也選擇了自殺。這個人怎麼樣呢？說他有貪欲吧，還真沒多少，算是很正常的。那麼憤怒呢？他雖然對自己有不滿，卻也不算很嚴重。說他「愚」吧，他也並不愚昧，反倒是很有學識的人。接著是「慢」，他也沒有傲慢之心。但他有一個問題，那就是「疑」。對自己的懷疑、對他人的懷疑，還有在父母去世時懷疑過叔父想要搶奪他的財產，他是不相信任何人的。他存在「疑」的一面，甚至連自己也無法相信，這最終導致了他自殺。

從真理的角度來看，夏目漱石的作品《心》中的兩位主角，一個是占據了五毒中的全部，另一個是被一點所困擾。

就像這樣，人生有著各式各樣的苦惱，大多都起因於無明。要脫離無明，需要什麼呢？追根究柢，就是要認真學習真理知識。不只是學習書本上的知識，更重要的是會活用學習到的知識。如果不能解決自己身上和周遭出現的問題，就表示知識並沒有真正地轉變為智慧。

比如說，有很多人能在考試中得到滿分，但只要記性好，或是肯花時間去背誦，就勢必能做得到。然而，能否將知識運用於實際生活中，才是關鍵所在。若是做不到的話，就稱不上脫離了無明。

希望各位能參考本章內容，解決自己的問題吧！

第三章

苦、集、滅、道

1 苦的思想——四諦

延續前一章，本章也將涉及佛教的專業性內容，講述對於修行者而言最重要的態度。

本章的題目「苦、集、滅、道」，是佛教中非常有名的教義。在過去幾年，我一直沒有對此進行闡釋。之所以不講述這佛教中最重要的教義，是因為非常難對第一個「苦」的教義做出解釋。

「苦、集、滅、道」合稱為「四諦」，「諦」，就是真理的意思。因此，「四諦」就是指四個真理、四種明確的智慧。釋迦曾教導說：「透過『苦、集、滅、道』這四種思想、修行方法，就能夠走上通往幸福的道路。」

然而，這與幸福科學現在講述的「愛、知、反省、發展」之「幸福的原理」，在形態上是有所不同的。

「愛、知、反省、發展」這四正道的法門，包含著非常積極、建設性的教義。首先，我講述了「施愛」。緊接著，我講述了深奧的知識與洞察力等現代性智慧的教義。反省的教義，跟傳統的教義比較接近。而發展的思想，在釋迦的教義當中就很少提及了。特別是關於愛和發展的部分，在「苦、集、滅、道」這四諦的教義中沒有直接地出現。為此，我在講述「現代四正道」的過程中，就沒有太涉及過四諦的教義。

接下來，我將依序對於「苦、集、滅、道」進行說明。

第一個是「苦諦」。對於學習佛法之人而言，這是理所當然的。釋迦說過：「苦才是人生的真理」、「苦才是世界的本質、世間的本質」。然而，若是正在學習幸福科學的教義，或許就會感到不可思議。「真的嗎？大川隆法有講過這樣的教義嗎？」因為人們學過真理以後，自己的意識有了很大的轉變，所以就會存在這種感覺。換言之，這種感覺的前提，就是人們已經在真理的大海中遨遊過了。人們讀過許多的真理書籍，參加過許多的法話聆聽會、研修和研習會等，並達到了以學習真理為樂、知曉真理為喜的境界。因此，當這些人聽到「苦即真理。人生即苦，世界即苦」的時候，會感到非常不可思議。

但請換個角度，看看從未接觸過真理之人的生活方式。即便各位信徒一直在傳道，或是講述真理，那些始終與佛法無緣的芸芸眾生，看看他們的思考方式、生活態度，就會明白釋迦所講的「苦」是什麼意思。

這就好比是缺乏智慧的動物，或者說被釣上鉤的魚一樣。看到世人渾然不覺「人是來自於本來的世界」，也從未想過「人死後還會回到本來的世界」，一心以為世間就是全部，並被埋沒在世間當中，就會發現這確實是「苦」的。

因此，已經洞察真理、知曉真理的人，常會認為「人生是喜樂的，世間亦是佛國土」。然而看到沒有接觸過真理的人，或是生活方式與真理背道而馳的人，就會覺得「轉生世間，就意味著背負痛苦的人生」。這種人的生活、思考方式，會使他們逐漸墮入地獄。他們總是拒絕真理的拯救，過著自以為是的生活，然而，他們的人生態度就是謬誤。

2 「生、老、病、死」——四苦

釋迦的這句「人生即苦」，就好似禪當中的一轉語。以「世間是快樂的」人生觀而度過世間生活的人，一旦被告知「人生即苦」時，會感到很驚訝，並有所醒悟。因為他們會開始思考「為何人生即苦、苦即真理？」這個答案就表現在「生、老、病、死」上，對此請各位試著思索一下。

首先，「出生之苦」是怎樣的呢？原本在天上界時，是做為大人的靈魂過著充實的人生。然而，為了轉生世間不得不寄宿在母體，十個月零十天屈身在黑暗當中，不知未來人生將會如何，只能一直忍著。而且，從母體中生出來時，也是很痛苦的。在出生後的一整年，既不會走路，也不會表達自己的情感，只知道哭。

這種被剝奪了自由意志、忘卻了天上界的自由姿態的出生方式，在某種意義上確實只會讓人感到痛苦。靈魂的本質是自由自在、融通無礙的，但出生後就會失去這一切。此外，不能憑靠自己的意志實現任何一件事，一切都要依靠他人。出生以後，還一直給父母、祖父母添麻煩，為了照料嬰兒，父母不能出去工作，夜裡也不能睡覺。就像這樣，人天生就會給他人添麻煩。

其次，就是衰老之苦。「或許你們在年輕時玩得很瀟灑，但人總會慢慢變老的。各位都曾看過駝背的老太太，或是看上去感覺不久就會離開人世的老先生吧？這就是你們幾十年以後的樣子。想必你們不知道，衰老正在一步步地逼近自己吧！」或許可以和各位說這樣的話。

上了年紀以後，人就會變成嬰兒一樣，失去種種自由。比如說身體不聽使喚、手腳不俐落、腰痛、眼花、耳背、頭腦昏沉等等。一生努力學習、拚命工作的結果，竟是逐漸衰老、失去自由，沒有一種痛苦甚於此。如果人生就此結束的話，如果人生的結局就是逐漸老朽、身體機能麻痺的話，這除了痛苦還是痛苦。

再者，就是患病之苦。在一生當中，任誰都會生病。有的病情輕微，有的病情嚴重以致搞垮身體。患病之時，除了自己以外，家人也會連帶受苦。首先是無法在社會當中生存，此時，才會意識到「不是自己一個人的人生，而是受到很多人照顧才有的人生」。當意識到這一點時，往往是處於病痛纏身的狀態，已無法從中脫身了。

最後，就是死亡之苦。在四、五十歲的時候，人還很健康，會覺得自己還能活很久，不過死亡終究會找上門來。那麼，人死後會怎樣呢？在很多的故事、漫畫和電影中，都曾描述過死後的世界，但真相到底是如何就不得而知了。

一旦開始思考「從平均壽命來看，我還能活多少年」時，人就會很害怕死亡，開始說出「我不想死」的話語。即便如此，人終究還是會死。不管是國王、醫生，還是宗教家、學校的老師、體力勞動者，或是腦力勞動者，最終都會走向死亡。全國最優秀的人會死，不優秀的人也會死。不論是智者，還是愚人，都會面對生命終結的一天。或許有人會想：「若是磨練智慧變得聰明以後，就能獲得不死之身，那該多好啊！」然而事與願違，人終有一死。

將生老病死的痛苦，告知相信世間是充滿歡樂喜悅的人，就如同於揭去他們眼睛上的眼翳，使他們睜開眼睛一般的行為。

知道生老病死之後，將得出什麼結論呢？那就是人生無常，即知曉「世間是一直在變化的」。

透過知曉世間是一直在變化的無常世界，就會引發人們思考「有沒有一種生活方式、一種世界是不變化的、恆常的呢？」於是，人們就會開始覺醒於靈性的生活，覺醒於佛心，並憧憬靈性的生活。

只有正面面對生老病死這四苦，否定以肉體快樂為中心的幸福觀，才能肯定靈性生活，這是很重要的。

總之，釋迦的真正意圖並不在於說明世間沒有夢想和希望，而在於扭轉那些執著於世間之人的心，這才是釋迦最初講述「人生即苦、世界即苦、苦即真理」的原因。在某種意義上說，再沒有比這更具挑戰性的思想。

3 「愛別離苦」、「怨憎會苦」、「求不得苦」、「五陰盛苦」——八苦

若是詢問有地位、有財產、身體健康的人「你知道，人生即苦嗎？」對方一定會反問「何以見得？」

此時，應該這麼回答：「人生有生老病死之苦，你能夠逃避嗎？你的家人能夠避免嗎？即便是有錢、身體好、長得漂亮，或是家世好、學歷高的人，也沒有任何人能逃過生老病死。聞此，或許有人會說『出生已是過去之事了，衰老的事情就等老了再說，死亡的事情等到臨死再想，而我現在又沒有生病。因此，生老病死都和我無關』。」

「既然這樣，就讓我再說說四苦八苦中的『八苦』吧！」

「愛別離苦——與相愛之人別離的痛苦；怨憎會苦——與討厭之人相見的痛苦；求不得苦——求之不得的痛苦、任憑怎樣努力都無法得到的痛苦；五陰盛苦（亦稱五蘊盛苦）——旺盛的肉體煩惱，無法抑制肉體欲求的痛苦，這些痛苦你也都沒有嗎？」

話說到這裡，恐怕誰都無法否認了。

就算是否認生老病死之苦，但與相愛之人離別的痛苦，誰都經歷過。與戀人、朋友、父母，或孩子等各種人的離別，皆會產生痛苦。

其次，與討厭之人相見的痛苦，大多數人也都經歷過。即便兩人互相「討厭」對方，但還是不得不見面的痛苦。

再來是，求而不得的痛苦，在現代社會有很多這種痛苦，這幾乎是所有人煩惱的根源。

最後，還有肉體的欲望。這種欲望一旦旺盛起來，甚至無法抑制，令人苦惱。即便心裡想著「人是靈性存在，是靈魂」，實際上卻也抑制不住肉體的欲望。到了中午肚子會餓，到了晚上就會想吃晚飯，然後睡覺。早上不想起床，看到異性也會產生煩惱。各種肉欲讓人不禁驚訝：「這真的是自己靈魂的聲音嗎？」但我們無法否定這種肉體的意欲。

總之，沒人能逃避這四苦八苦，幾乎所有人都一樣，至少會有其中一個，而原則上應該是全部都有。

各位現在明白了「人生即苦」的道理嗎？如果懂了的話，從今以後就要端正己心，並學習真理，這就是「苦」的教義。

4 苦是應該消滅的——八正道

在上一節，我講述了四諦當中「苦」的教義——「人生即苦，世界即苦」。接下來，我要講述「集」的教義，即集諦。所謂「集」，就是分析並找出產生痛苦的原因。

在幸福科學的教義當中，也經常會提及這個問題。我從各個角度講述過「人們為何會如此煩惱、痛苦？」在書籍、講演、研習會中，我也曾講過「當知道了自己的痛苦時，為了得到幸福，就必須逃離痛苦。為了逃離痛苦，首先第一步就要找到痛苦的原因，這是很重要的」。總之，首先必須探究「是什麼引起了痛苦？」

人們總是很容易看清他人的問題，知道他人的錯誤所在，但對於自己的問題，卻很難弄明白。因此，人就需要學習，需要獲得他人的指導。

在第二章，我講述了心之三毒、即「貪、瞋、癡」（貪婪之心、憤怒之心、愚癡）。這也可以稱為「無明」，或是「煩惱」。心之三毒，就是煩惱的典型代表。

煩惱，就是不好的精神作用，不好的心理作用皆是煩惱。煩惱有各式各樣，但大部分與肉體相關，來自於世間的欲望。因此，要徹底地追究「執著於煩惱的自己，到底是為何產生了痛苦」，並發現痛苦的根源。若能找到根源，問題就很容易解決了。

這就如同於醫生為患者看診一樣。若是不診斷出患者是心臟、大腦、胃、手足等等有問題，還是感冒了的話，就無法進行治療。需要做手術，還是服藥，或者採取食療——無論是出具任何處方，都必須要首先找到身體不適的原因才行。這就是「集」。此時，「愛、知、反省、發展」中的「知」——智慧，將能發揮非常重大的作用。

其次是「滅」。若是瞭解人生即苦，並知道了痛苦的原因，接下來就要消除痛苦的原因。立志要消滅痛苦，可謂之「滅」。各位必須要決心克服痛苦，消除痛苦，並逃離苦惱，否則，就無法進入通往幸福的道路。

總之，各位要下定決心消滅痛苦。換言之，人生是一本習題，我們必須要解答其中的問題。即便有些問題非常難，我們也必須做出解答，這就是「滅」。

那麼，消滅痛苦的方法是什麼呢？那就是「道」，即道諦。所謂「道」，就是指八正道。

因此，人們常說「四諦、八正道」，也就是四個真理、八條正確道路的意思。「苦集滅道」的意義，實際上重點在於「滅」和「道」，是為了奉勸世人「若是知曉了苦，就要決心將苦消除，從而進入八正道」。這就是合稱為四諦的「苦集滅道」的思想。

在我的著作《太陽之法》（台灣幸福科學出版發行）和《佛陀的證明》（幸福科學出版發行）當中，就八正道進行了詳盡的解說，請各位務必一讀。

八正道首先是從「正見」開始，即正確地看待、正確的見解。

在傳統上，接下來是「正思」，即正確地思考。

再接下來是「正語」，即正確地講話。

第四個是「正業」，即正確的行為。所謂「業」是指「宿業」的意思。換言之，行為會產生宿業，因此這個正業就是指正確的行為。

第五個是「正命」，即正確地生活。一天的生活是否正確，取決於是否正確活用了作為佛子的生命。

第六個是「正精進」，即是否有精進。若只是活著而已，那就和動物沒什麼分別了。檢視自己是否有精進、有向上的決心、有努力過，這是非常重要的。

第七個是「正念」，即正確的心念。也就是檢視自己的心念是否朝向正確的方向、是否遠離邪念常念佛道、是否有正確的人生計畫、是否過著正確的人生。

最後一個是「正定」，即正確入定的方法。比如說反省法、瞑想法，還有祈禱等等，這些修法都屬於正定。

以上即是八正道的傳統概念，但是介於「愛的發展階段論」，我對此進行了一些調整。

比如說，我講述了正見和正語，是與「關愛之愛」的階段相通的。同樣的道理，正業和正命，是與「勉勵之愛」相通的；而正思和正精進，則是與「寬恕之愛」相通的。我進行了如此調整，並在八正道前面加上了真說，即「真說．八正道」，這也可以稱為「新說．八正道」。就像這樣，幸福科學改變了八正道的順序，使其變得更加簡單明瞭。

我認為對於現代人而言，「正思」是非常難的教義，所以就將「正思」往後排了。首先從具體的「看」、「說」，以及「行為」、「生活」等開始檢視，隨後才進入內心的部分。

此外，還有人將「正思」寫成「正志」，或許感覺這樣就比較容易理解吧！總之，「志」會讓人感覺是發自心底想要追求的人生態度，想要建立正確的人生觀，這就是正思。看來寫成「正志」，確實是比較容易理解。

5 超越釋迦的教義——走向偉大光明的世界

至此，我講述了「苦、集、滅、道」的教義。但幸福科學的思想，在整體上還沒有完全定型，所以我想進一步說明它與釋迦教義的不同之處。

的確，我的思想是以釋迦教義中的「四諦、八正道」為最初的出發點。但釋迦本身也在四十五年間的說法過程中，不斷地修正了其內容。

最初的小乘佛教，是以追求自我的覺悟為中心。隨著教團的發展壯大，獲得了社會的名聲以後，摩竭陀國的頻毗娑羅王以及他的繼任者，即改邪歸正後的阿闍世國王，以及憍薩羅國的國王缽邏犀那恃多王（波斯匿王）等等也相繼皈依了。於是，釋迦就更加自信，對教團也更有信心了。此後，當他自信教團已經成為印度最大的教團時，就開始講述了更為光明的教義。這就是釋迦晚年講述《法華經》等的思想，在《法華經》當中，存在相當多的光明思想。

從最初講述的「人生即苦，世人難以逃離痛苦」，做了一百八十度的轉變，開始承認世間也有著積極的意義。比如說山川草木，一切生物皆宿有佛性，不僅是人，世間萬物都宿有佛的生命。

此外，釋迦還給予弟子們記別，謂之「授記」。他對每一位弟子說道：「你們現在好不容易成為了阿羅漢，但來世、來來世，或是未來世，終將會成佛、成為如來的。」釋迦給予了弟子們希望。

釋迦還保證女性也能成佛，儘管當時的想法並不這麼認為，釋迦甚至還說了，即便是像提婆達多那般的惡人也能成佛。

這就是他取得巨大成功的證據，當釋迦教團獲得巨大成功，得到了社會信譽，並受到很多人的尊重時，就出現了這種積極的光明思想，並轉變成了成功理論。也就是說，那時的釋迦有了相當的自信。

幸福科學也一直在教導這種思想。比如說，既有著眼於人生光明面的「光明思想」，也有從成功和失敗中吸取經驗的「常勝思考」。此外，還有「發展思考」，即讓人們站在來世、自己回到實在界的角度，重新思考自己剩餘的人生，將自己的靈格提升到最高。總之，幸福科學一直在教導人們「在八正道之後，還有諸如光明思想、常勝思考、發展思考等積極、肯定的思想，擊破人生的苦惱、痛苦，就能獲得更加幸福的人生」。

在這個意義上講，比起釋迦從開始說法到長達幾十年的調整，反倒是幸福科學的教義在整體上，從出發點開始就很接近成功的座標軸。我們很快跨越了最初的階段，進入到更為積極的層面。

從否定現世、人生，轉向肯定現世、人生的過程，可以稱為從弱者轉變成強者，或者說是朝向積極行善的轉變，思想不斷地變為更加強而有力。

幸福科學常被媒體指為「對貧、病、爭——貧窮、疾病和紛爭不予以關心的宗教」，但這就意味著我們已經進入了下一個階段。換言之，幸福科學在出發階段，就是從接近於釋迦晚年思想的程度開始的。而且，比那更先進，更加發展。這是我們的立足點，對此，請各位務必要知曉其差異。

我認為不必重複遂行相同的工作，而應該在從前工作的基礎上更上一層樓。這就是「苦、集、滅、道」的四諦，與幸福科學現在的教義之間的關係，希望各位能夠對此理解。

第四章

何謂無我

1 對「無我」的誤解

本章將要講述「何謂無我」的主題。這是關於「無我」，或者說「我」本身的話題。首先，我想要解釋一下談論這個話題的原因。

前幾天，我閱讀了一位佛教學者的書。這位學者已經過世了，他曾擔任過T大學的教授，是著名的佛教學者，還出版過佛學全集。他建立了「緣起論才是佛教的中心」的理論，曾經風靡一時。在我閱讀這位U博士的著作時，他的靈魂出現了。然而，他並不是來自好的地方，而是從黑暗的世界跑出來的。他和我攀談起來，我們對話了一個晚上。

因為是著有佛教大全集的學者，所以在佛教理論方面，他的知識遠遠超過了我。但這般瞭解佛教的人居然墮入了地獄，這就表明他已經是無藥可救的狀態。從原典到所有的譯著、研究書目，他幾乎都讀遍了，還建立了自己的學說，但對於墮入地獄後該怎麼辦，他就完全不知道了。若是學習佛教、研究佛陀的教義，最終還下了地獄的話，這種人是無法拯救的。他本人也說：「我真的不知道為何會變成這樣。我明明研究並學習了那麼多的佛法，為何會是這樣的結局呢？」

我也感覺到他並不理解自己的狀況，並以為自己曾遂行了非常偉大的工作，所以就認為自己很精通佛教，甚至是「無一不解」吧！

在談話的過程中，我漸漸發現了這就是他迷失的原因，這個原因就在於「無我」。除此之外或許還有其他的原因，但就這一點而言，我發現他似乎犯錯了。

這不光是他的觀點，在學習現代佛教時，也有人解釋道：「釋迦曾講述過無我，即『本來無我』的教義，所以說『我』是不存在的。」佛教學是這樣解釋的，寺院的僧侶也這麼認為。然而，這個觀點發展以後，就會變為「若是在世間修行、開悟的話，那麼在來世時，我就會消失，因而就能逃離輪迴的軌道。因為自我消失了，所以轉生輪迴的主體也就沒有了。如此一來，來世將會如何、自己又會怎樣，就無從得知了。」

與這位著名的佛教學者談話時，他說道：「因為是無我，所以死後的生存就是不存在的。」我問道：「那麼，正在說話的這個你，又是什麼呢？」他答道：「這個我就不知道了。」不過，他對禪宗也有研究，接著又說道：「本來是無我，所以我已經消失了。現在存在的，是迷惑的我，而不是本來的我。」

諸如此類等，他做了很多複雜的解釋。對此我答道：「不論迷惑與否，你不就是你嗎？你現在不是很迷惑嗎？」然而，他始終堅持「如今是迷惑的我，並非是本來的我」，並陷入了糾纏的理論之中，變得無藥可救。

最終，我只能說是他的根本思想當中存在謬誤，但這不光是他一人的問題，更是整個佛學界，甚至是整個宗教界的大問題。在佛學界乃至整個宗教界當中，恐怕有一半左右的人都對他的思想有所共鳴。

2 作為人的靈魂的個性

釋迦在「三法印」中，在第二項就提到了「諸法無我」的教義。

這裡的「諸法」，並非是「教義」的意思。「法」雖然有著教義、指導人們正確的人生態度的意思，但「法」還有著另一層意思，那就是「各種事物現象」，即萬事萬物、森羅萬象的意思。宇宙的一切現象，也稱為「法」。諸法無我的「法」，就是指萬事萬物的存在，換言之，釋迦講述的是「萬事萬物的存在都是無我」。

若按照字面意思解釋，可能會誤認為「一切皆是『無我』的狀態，最終一切都會在空中分解殆盡，什麼都不剩」。從佛光物理學中「在光的作用下產生了萬事萬物」的理論來看，這種想法的確是說得通。然而做為人的人生態度，從在現實中進行靈魂修行的主體、在世間進行靈魂修行之人的角度來看，或從動植物的角度來看，那種想法就未必是正確的。

為什麼呢？因為做為人的靈魂是有個性的，這種個性是世人在地上擁有肉身、進行靈魂修行的過程中，從原本佛分出的光，變得明確化而形成的，這就是個性化的歷史。當然，個性化本身也是佛所期待的方向。透過各種活動，實現發展繁榮，這本身也是美好的事情，總之，這本來就是作為佛子之光的特性。在這層意義上來說，若重返本來狀態的話，所有人都是相同的存在。就像這樣，一面要求人們發展不同的個性，一面又說人們本來有著相同的性質，這看似矛盾卻又意義深遠。

接下來，我想要進行更具體的說明。

佛教學者出現錯誤的根源，就在於將「無我說」理解為「人的存在，就是五蘊的暫時結合」。

所謂「五蘊」，就是指「色、受、想、行、識」。「色」是指肉體，「受」是指感受的受，「想」就是表象作用，即創造形象的能力。此外，「行」就是為了具體實現那個形象的行動，也就是行動作用、意志的作用，即人的意志。最後是「識」，即認識作用。

換言之，人先有肉體（色），再有感覺作用（受）。此外，有形象作用、表象作用（想），隨後有將形象具體化的意志力（行），最後才有判別自己準備要做、以及正在做的是何事的認識作用（識）。

「色、受、想、行、識」這五點，就是人所形成的要因。將五蘊、五種作用暫時結合而成的結果，就變成為人。除了第一點「色」是肉體以外，其餘的四點「受、想、行、識」都是精神作用，即人心的作用。因此，就出現了「人就是透過肉體和心所構成」的想法。

此外，還有人認為：「人是暫時結合而成的。原本人是不存在的，但後來集結了肉體物質和心的四種作用，也就是將五蘊暫時結合起來，就形成了人。因此，這種結合體就好比是風一吹就會吹散、火一燒就會燃盡的無常存在。」

在佛教學者之中，有很多人進一步延伸這種想法，認為「人是五蘊的暫時結合，所以人死後就會雲消霧散，化作靈氣一樣擴散」。

3 兩種轉生輪迴

當然，五蘊的暫時結合理論，將人視為暫時的合成體的理論，並非完全錯誤，因為人的確有著合成之處。

但問題是死後去了來世會怎樣呢？當然，肉身會留在世間。除此之外，人的靈魂外側還有幽體。這個幽體與心臟、頭腦、內臟等許多的感覺器官、內臟器官有著非常緊密的關係。死後，各位必定會帶著這個幽體前往靈界，幽體就好比是幽靈出現時所穿的外衣。正如方才所講的，幽體部分是透過「色、受、想、行、識」之中的心與肉體的作用、活著之時的人體作用所形成的。

這也正是為什麼幸福科學認為，為腦死患者進行心臟等器官移植會有問題的理由所在。器官也是有意識的，而且都是形成幽體的元素。因此，前往四次元幽界時，一定要使用幽體才能生存。

然而，從四次元進入五次元以上的高級靈界以後，這個幽體又將會被脫掉。被脫掉的幽體，一般都會放置在四次元世界。但幽體迷失時，偶爾也會化為幽靈。然而放置了一段時間過後，大半幽體都會被用作其他目的。比如說經過一段歲月後，幽體失去了人形，變成靈體脫下的外衣一般。此外，常常將這些幽體集中起來，用於建立轉生時的嬰兒靈體的材料。

人死後將會脫掉幽體，即脫掉在世間時做為人的屬性，成為真正的靈體，前往靈界生活，這是確有其事的。脫掉幽體後所留下的靈體，是不會隨著死亡而消滅的，因此，「無我」並非是指一切全部消失。對於一般人而言，回到靈界後的靈體，或者說靈魂，仍具有一定的人形繼續在靈界生活著，並不斷經歷轉生輪迴。當然，輪迴的主體是靈魂。

此外，關於釋迦為何要說出「已開悟之人，可脫離轉生輪迴，不再轉世」這句話的理由，在此我想加以說明。

的確，人在靈界是做為靈魂度過生活，並每隔幾百年轉生到世間一次。然而，從菩薩界進入更高次元的世界以後，就不再有人魂的姿態了。在靈界當中，直至六次元光明界為止，靈魂都有著人的外形，並經歷著轉生輪迴。但從菩薩界開始往上，就越來越少顯現人的外形了。雖然他們也擁有活著之人的感覺，但通常是只作為意識體而存在。

就像這樣，一旦變成只作為意識體的存在時，就不再是經歷轉生輪迴的靈魂，而將變成巨大的意識團，並具有各自的個性。有的是綠色，有的是藍色，有的是黃色，有的是紅色，總之是有著各式各樣的色彩，但都是做為意識體的存在。

於是，他們就不再像通常的人魂一樣，必須不斷地轉生於世間，即不再會為了修正己業而進行靈魂的修行。他們只做為意識體存在於靈界，所以從某種意義上說，他們已不需要進行靈魂修行了。

然而，為了拯救地上界的眾人，有時他們會刻意轉生為人。不過這是他們主動要求的，而並非是為了消除己業，每隔幾百年就必須經歷轉生一樣，像洗衣機中打轉一般的靈魂修行。

釋迦講述的理論是如此高深，所以有許多弟子都未能理解，還只認為「無我，就是死後什麼都沒有了」，這就是出現理論混亂的根源，甚至還有人認為「佛教主張無我論，死後靈魂就會消失」。現在去問寺廟裡的僧侶，有一半的人都會這麼回答：「佛教是否定靈魂的，死後『我』就會消失。」若是你再問他：「那你為何弔唁念經呢？」有的僧侶就會回答：「是為了死者的家屬。」但這樣的僧侶是極有可能下地獄的，這樣的人在學者中也有很多。

由於「無我說」的解釋很難理解，有人就草草地認為「無我，就是死後沒有靈魂，釋迦是否定靈魂的」。

然而，其結果就是出現唯物論思想。唯物論認為「只有世間的生活」，現今，印度的傳統宗教在批判佛教之際，就時常攻擊說「佛教就是隱性的唯物論」。歐洲的許多宗教學者也將佛教定義為唯物論、無神論。

4 釋迦的「無記」——毒箭之喻——

唯物論思想的產生，還存在另外一個理由。

在《箭喻經》中曾講到，有一位名為鬘童子的弟子，對釋迦提出了很多形而上學的問題。例如：「人死後的生命是怎樣的？是怎樣生存的？」、「宇宙是有限的？還是無限的？」等等，但對此，釋迦並沒有回答。這故事曾出現於《箭喻經》中，謂之「無記」，釋迦說了有名的「毒箭之喻」給此人，想必各位曾有聽過。

從前，有個人突然身中毒箭，已經奄奄一息了。別人想要把箭拔下來為他療傷，此人卻說：「等一下，你先別急著拔箭。我得先問清楚這箭是誰射的，從哪個方向射來的，上邊是染了哪種毒，不問清楚的話怎麼治呢？」

為他療傷的人則回答道：「可是再拖延下去的話，毒會立刻蔓延全身，你就會死。現在要做的不是追究這些問題，而是趕緊把箭拔出來，綁好傷口不讓毒再蔓延，然後把毒血吸出來，趕緊治療。至於箭是什麼人射的，從哪個方向來的，箭是什麼材料，他為什麼要射你，這些問題以後再說，現在最要緊的是治傷救命！」

換言之，釋迦的這個比喻旨在說明「一味地做那種對人生的進步毫無意義、形而上學的討論，或者是沒有現實意義的抽象討論，既不能拯救人，也無法使人前進。與其做這些無益的思辨，倒不如首先端正自己的人生。首先要探究正心、探究八正道，如此一來，你們才能夠脫離痛苦，邁向幸福的道路。至於『人的靈魂死後會怎樣』、『宇宙是有限還是無限』，現在討論這些沒有任何益處」。

這就是「毒箭之喻」的故事，弟子們不但未能理解釋迦的本意，還對此解釋道：「釋迦曾說過，沒有死後的世界，沒有宇宙，只有現世。因此，只要在世間好好生活就夠了。」雖然釋迦的本意比較難理解，但我十分希望佛弟子們能夠透過本書，認真進行學習。

釋迦為何要避開那種討論，各位設想一下就會明白了。假設有一個穿著邋遢，且尚未調和己心的人走來，坐在我面前，向我提出了一大堆問題：「大川先生，人的生命到底為何物？我的靈魂每隔多久會轉世？到底有沒有死後的世界？本體是什麼，分身又是什麼？我到底是本體還是分身？宇宙創始之初我是什麼樣的狀態？我是距今幾億年之前變成人類的呢？」

我一定會這樣回答他：「這些事情都跟你無關。請你首先跟太太和解，請先調和己心。此外，你既不孝順父母，孩子也常被你扔在家裡一個人哭，你先去解決這些問題吧！」

這就是對機說法。

然而，有人不明白這只是針對某人所講的話語，還很快將它變成「統一模式」，結果就變成了教條主義。

總之，釋迦並不是說「沒有來世的生存」、「沒有轉生輪迴」，或是「我不知道宇宙是不是無限的」。但釋迦的無記——不予以回答，卻遭到了後世的惡用，這就是如此難懂的思想。有時說出一句話，聽者就會被它所限制，而無法再考慮其他方面了。

在佛弟子中這種情況很常見，所以後來佛教中出現了一個流派，稱為禪宗。禪宗主張「不立文字」，即不留下文字。因為一旦留下了文字，弟子們就容易被限制。比如說了「無我」，就有人會被「無我」所限制；若說「非無我」，就有人會被「非無我」所限制。因為說「無我」的話，就有人認為「我是不存在的，沒有靈魂，也沒有靈界」，所以就放棄了修行。但若是告訴他「並非是無我。人是有自我的，所以要磨練自我」，於是他就拚命磨練自我，而忘記了謙遜。

這就是如此難以讓人理解，請各位務必覺察到自己身上也帶有這種傾向。這一切都是源於知力的淺薄，也就是第二章中所講述的「無明」。

5 真正達到「無我」的方法

在上一節，我已經從靈性的角度、靈界的生存方面對「無我」進行了說明。那麼，釋迦的本意究竟在何處呢？本節我將做進一步的說明。

釋迦必須要講述「無我」的一個理由是，因為「追根究柢，人生的痛苦都是源於執著」。所謂執著，就是固執於某件事，而這個執著的根源，就在於「我」，即我欲，「自我」的心態，或是「我見」——從自己的角度看問題，以自己的觀點為標準的偏見。這種以自我為中心的看法和欲望，導致了全部的人生痛苦。

最常見的是四苦八苦當中的「求不得苦」（求之卻不得的痛苦），所有人都有這種的痛苦。但求不得苦的根源，就在於「我」，就是從「自我」、「我物」的心態中，人們產生了痛苦。

「無我」的話，也就沒有「我物」。正因為認為「有我」，所以才有了「我物」的想法。

「我物」，即認為是自己的東西——「那個人是屬於我的」、「我的部下」、「我的戀人」、「我的妻子」、「我的孩子」、「我的父母」、「我的家」、「我的土地」、「我的球棒」、「我的球」、「我的相機」、「我的錢包」、「我的錢」、「我的存摺」、「我的名片」、「我的桌子」、「我的椅子」、「我的墓地」……林林總總什麼都有。

首先有了「我」，所以才有了「我的東西」。有了這個「我的東西」的想法，於是就會產生執著。

因此，為了斬斷執著，首先就必須捨棄「我的東西」的想法。各位本來是何種的存在呢？是大宇宙的根本佛，創造了做為光的人之存在，這才是各位的本質，切不可忘記這點。當回想起自己的本來姿態時，人就能與佛合為一體。

因此，各位必須從兩個方面，再次檢視這個無我的教義。無我，並不是否定作為物理存在的「我」。無我的本質之一，就是告誡各位「必須與佛合為一體」。若不能放下自我，就無法與佛合為一體，當「自我」之心太強時，佛光是照射不進自己的。

為了實現與佛合為一體，就佛教而言，有著反省、瞑想的修法；就基督教而言，就是向神祈禱，獨自努力向神祈禱，「與佛合為一體」，也是一個方法。

為了達到無我的境界，還有一個是「利他、愛他」的方法。

為他人而活。
苦他人之苦，
悲他人之悲，
喜他人之喜。
抱持著愛他之心生活，
這即是通往無我境界之路。

總之，與佛合為一體、與他人合為一體，這兩者都是無我的教義，這亦是勉勵各位的方法。

這個教義是絕對沒錯的，死後回到了靈界，前往地獄的都是執著於自我的人。而且，死後仍存在迷惑的人，就會附在世間之人身上。有人是糾纏在世的妻子、丈夫，或孩子，也有人是在家裡四處遊蕩。此外，既有人是附在土地上，也有人附在墳墓上，或是公司的桌子上，這些靈魂都被稱為地縛靈。在政府機關，有些地方就常常有人自殺。比如說自從一名高級官員跳樓自殺後，他用過的桌子周圍，每年都會有人自殺，那就是因為他變成了地縛靈。

就像這樣，地獄靈有著各種的執著，可謂是執著的結合體。這種執著的根源，皆是「自我」，若是不否定自我，就無法斬斷執著。

天國的世界，則是愛他、利他的世界，天國的人都是為了幫助他人而生活，這即是無我。不是為了自己，而是為了他人而活，這就是無我的思想。

6 為了拯救人類的理論

區分天國與地獄的界限，就在於是否有「我」。不過，各位在消除「我」的同時，還必須要磨練「我」。

修行是為了自己，這也就是磨練自我，承認自我的存在。

然而，若將修行的方向朝向佛的話，那就是與佛合為一體，消除自我的方向。此外，若是朝向愛他、利他的方向，為了拯救眾人的修行，那也是消除自我的方向。

因此，獨自學習、珍惜自己的時間，或是愛惜自己的身體、勤勉於修行等等，這些看似是增強「自我」的行為，但追根究柢，這些都是朝向佛的方向、朝向愛他、利他的方向時，還是將成就「無我」。

當重視自我是朝向「無我」的方向時，那就是好事。但若重視自我將導致自己執著於物質，或是世間生活，那就會產生錯誤方向的執著，從而變成通往地獄的護照。

在本章開頭我提到了著名的佛教學者，他進行了許多研究，闡述了佛教的理論，甚至還出版了佛學全集。但最終，他卻沒有理解這個「無我」的教義。

在釋迦之後的歷史當中，佛教弟子們曾製造了很多混亂，他們不理解無我之道是可想而知的，但這實在令人感到悲哀。這是單從知識的角度教授佛法之人的悲哀。

在各位當中或許也存在這樣的人，到了後世恐怕也會有人步上後塵。然而，即便是透過知識、抽象的角度講解了佛法，若最終不能拯救眾生就毫無意義了，這是我想要告訴各位的。不管建立多少空洞理論、抽象理論，如果最終不能增進眾人的幸福，那就是一紙空談。

關於無我的教義，請各位好好吸收本章的內容，體會其真正的涵義吧！或許有人會想：「無我，就是沒有自己，所以自殺也無所謂吧！」在釋迦的時代，也曾有唯物論者說過：「人就是分子、原子的集合，所以用刀去砍人也沒關係，反正那只是用刀在分子之間穿過而已。」

建立一種理論是沒關係的，但在運用這種理論時，切不可用於迷惑他人，或使他人變得無可救藥的方向。

事實上，有一半以上的現代人都是在迷惑中，走進了地獄。因此，一定要著眼於「為了拯救迷惑的眾人，要如何解釋、怎樣進行說法」。

若非如此，而是拘泥於抽象的、形而上學的思想——「非此、也非彼」，那就會進入既不能自救，亦不能救人的世界。

請各位千萬不可忘記「救濟」這一點。

第五章

空與緣起

1 「空」的思想

我在前一章講述了「何謂無我」，其內容是非常複雜的。但對於「何謂無我」的覺悟，與禪宗的覺悟是相當接近的。為了獲得這個覺悟，寺院的僧侶們從古至今一直在持續修行。即便如此，還是很難對此悟透，無法達到道元所講的「身心分離的境界」。「無我」就是如此難懂的教義。

本章要進一步講述與「無我」關係密切的話題，那就是「空」的思想。

在「諸行無常」、「諸法無我」和「涅槃寂靜」的三個法印當中，「諸法無我」的教義，常被人講述為等同於「一切皆空」的教義。對於「諸法無我」

的定義有很多種，比如說「諸法無我，即萬事萬物皆是無我的。總之，在本質上是具備與佛具有同樣的性質」。諸法無我的思想，的確是與「一切皆空」的思想相關聯。

因此，「空」也是非常難懂的教義，但這是佛教的精髓，特別是在大乘佛教是中心當中的中心。

上一章的「何謂無我」和本章的「空與緣起」，都有各自難於理解的內容。若是閱讀一遍就能理解的話，那說明已經開悟了。正因為不理解，所以才必須要學習和精進。

由於「無我」、「空」等教義，是不可能僅透過知識的角度理解的，換言之，不透過悟性便無法認識。僅透過知性、理性和感性，是無法掌握全貌的，這也與個人的洞察力有著相當的關係。因此，雖然我可以對此做出很多解釋，但最終參悟時各位只能靠自己。是否能參透這個教義，完全要取決於個人。

在此，我想首先就「空」進行解說，這在《釋迦的本心》（台灣幸福科學出版發行）當中也有講述過一部分。

首先，常被拿來與「空」對比的，是「無」。此部分有著太多哲學方面的深入探討，實在是無法一一列舉，但我現在的思考方向，正是如下所述。

所謂「空」，並不是說什麼都沒有，而是物體會隨著時間的流逝而轉變，沒有固定的實體。隨著時間的流逝會不斷改變形狀，我認為這是非常接近於沒有實體的現象，這就是時間論當中的「空」的思想。

那麼，何謂「無」呢？

將時間停止之際，所有的存在都將會靜止。在那個時候討論是否有可能的問題，就是指「無」。

2 諸行無常和諸法無我

上節我講述了「諸法無我」，但此時或許會產生另一個疑問——「空」的思想不是也與諸行無常有關嗎？諸行無常和諸法無我到底有何不同呢？兩者都與「空」都有關。一個是隨著時間而轉變的事物，另一個是隨著時光的流逝而發生變化的事物，這不是在說同樣的東西嗎？

的確，就算是佛教專家的論著，對這兩點的解釋也是很混亂的。

某宗教團體知名的前會長，亦在書中將諸法無我與諸行無常的解釋顛倒，跟我的解說正好是相反的。然而，那樣的解釋還通用於那個宗教團體中，看來即便是專家也並不理解這兩點，更遑論世間之人能準確地認識了。

那麼，怎樣的解釋才是正確的呢？

關於諸法無我，若不解釋它與靈界的關係，是根本無法說明的。若要單以世間的觀點來解釋，那是不可能的。

換言之，必須要考慮生命在世間和靈界之間的循環，或者說靈體在世間物質化之後，還將返回靈界的來回過程，否則就難以解釋這個諸法無我。

然而，對於諸行無常的解釋，即使不特別提及靈界，亦能夠理解。世間的萬事萬物都在不停的變化，從出生、成長，到成熟，然後枯萎、消失。即播下種子後，培育它，它就逐漸開花、枯萎，最後回歸泥土消失。人的肉體也是一樣，做為嬰兒出生，健康地成長，變為兒童、大人，工作，衰老，漸漸彎腰駝背，直至死亡。

凡是世間的存在，都要經歷這般的生長、發展、衰退，直至消失的過程，最終都將枯竭而死。就像這樣，只要看到世間，就可明白這個諸行無常。

當然，事實上諸行無常也有靈界的觀點。從靈性的觀點來看，就能更清楚地看到世間真的是變化無常，沒有任何一樣恆定的東西，這就是諸行無常。

與此相比，諸法無我則是一個規模更大的輪迴。

透過時間論來解釋的話，這就好比是一個巨大的圓形水車，水車在不停地轉動。水車上面一個個的水桶，會不斷經歷進入小河、舀水、再上升、回到水車上的循環過程。

在這個比喻中，諸行無常就是指進入小河的水桶，也就是現象界的部分，而諸法無我則是指水車的整體。如此思考的話，就比較容易理解了。

然而，這樣的解釋也有不足之處，畢竟這只是從時間論的角度所做的分

3 「空」——①靈界與世間的循環

關於諸法無我與「空」的相關部分，我將從以下三點做進一步說明。

第一點，我將從世間與靈界的關係來解釋這個「空」。請各位回想自己去電影院看電影的情景，在二次元的平面銀幕上，上映著許許多多的場景。比如說電影「回到未來」，就會出現主角乘坐時光機回到過去，化身牛仔，被印第安人追蹤的西部片場景。

觀看電影時，有一種非常逼真、身臨其境的感覺，而且，不由得手心捏一把汗，心裡一直支援著主角「加油啊！別被射中啊！」但這實際並非是真人所為，而僅是銀幕上的影像而已。現在只是在放映膠卷上的影像，然而在觀看過程中，因為觀眾太投入感情，產生了身臨其境的感覺，就以為自己是劇中人物，所以一直為主角加油，彷彿自己變成了主角一般。

從靈界當中觀看世間的姿態，實際上就很接近這種感覺，即能看到電影般的影像。從實在界，即靈界的角度看來，世間的生活是如夢似幻，非常不真實的。

人宿於肉體之中，經歷著種種的煩惱、痛苦、喜悅，從而度過一生。當生命結束，回到舞臺幕後時，才終於明白人生只是一場戲。

在舞臺上，大家努力地扮演著公主、國王、士兵，或印第安人的角色，但等到劇中謝幕後大家都回到化粧室時，劇中被殺死的印第安人又活過來了，被砍頭的主角也高高興興地回家了。

就像這樣，做為戲劇、電影而上映的情節，其實不是真實的，而是虛幻的生活，這就是世間的生活。

而現在，各位的守護靈正從靈界當中看著這一切。守護靈，那留在靈界當中的各位自身的一部分，正在看著投影於世間的各位，即看著各位在螢幕上活躍的身影，並一直在聲嘶力竭地為各位加油。

不過，雖然以前對著電影螢幕說話也沒有反應，但如今卻有著同步衛星實況轉播的技術，即便是實際無法觸及的世界，互相也能夠透過影像向對方說：「加油！再加把勁！」甚至有時還可以打電話過去，這就是靈界和世間之間的關係。

此外，在世間修行了幾十年，回到靈界以後，這一生的影像會被投映在銀幕上，或者是鏡子裡。就如同觀看電影一般，各位的一生也將被濃縮成一個小時左右的電影供大家觀看——「你的一生就是這樣的。這部電影是精彩的呢？還是無趣的呢？你的表現是好還是不好呢？」電影的底片就儲存在各位的靈魂深處，可以隨時取出來觀看，那就是各位的過去世。

方才我講述了「從靈界當中看到的世間姿態」，我們正是來往於世間和靈界的存在，在世間當中穿著名為肉體的外衣度過生活。

這個肉體，就相當於布偶娃娃一樣。或者說，這個肉體部分就好比是各位登臺表演時所穿的衣服，僅代表各位所飾演的角色，而並非是各位的本質。從舞臺回到幕後時，各位就會回到平常的生活中。這個普通的日常生活，即是靈界的生活。

總之，在世間各位認為真實的事物，實際上是不真實的，那只是虛幻的表演，而回到舞臺幕後的生活才是真實的生活。然而，僅有回到幕後的生活才是真實的嗎？也不盡然。即便回到了幕後，有時還是要登上舞臺，繼續做演員。有時會扮演印第安人，有時會扮演孔雀，還有時會在空中飛翔，這些也是能夠實現的。

因此，登上舞臺時，能夠盡情地演戲，並成為電影的演員，但謝幕以後，又能回到平常的生活。但也不會一直留在幕後，有時還會來到臺前，這就是「色即是空，空即是色」的解釋。

色即是空當中的「色」，就是指物質，或者是肉體、世間的存在。這個「色」——世間的存在，其實是劇中的一幕。回到舞臺幕後時，演員又會回到平時的面目，這就是「色即是空」。

然而，回到平常的生活以後，一旦到了演戲的時間又要重新登上舞臺，再次扮演角色，這就是「空即是色」，這兩者都是真實的。

因此，「空」的思想，就是解釋來往於靈界和世間之間的過程，這是關於「空」的第一個說明。

4 「空」——②佛光和物質化

現在要進行第二點的說明。

那麼，只有這般隨著時間的流逝，不斷來往於世間和靈界的過程才是「空」嗎？也不盡然。

眼所不見的存在轉化為眼所可見的存在，或是眼所可見的存在變成眼所不見的存在，其實不經過時間的歷練也是可以發生的，這就是所謂的「物質化現象」。

在幸福科學，也經常出現天降金粉的現象。

但這些金粉，並非是透過煉金術等製造出來，而是從空中飄下來的。金粉彷彿泉湧一般紛紛飄下，掉到信徒的手掌心、臉上、肩上等，有時還有更大片的金粉出現。

若是知道現實當中存在這種的物質化現象，就會理解世間原本存在的自然物質，或者說沒有經過人為加工的各種成品，真的有可能是從空中降落下來的。

所謂奇蹟，一般都會經歷這樣的過程。例如在《出埃及記》中，講到了摩西與以色列的人民在荒野之中漂流，正當大家飢餓之時，食物就從天而降的故事，但這般的物質化現象是真實存在的。

從眼所不見的世界當中，突然出現做為現實的物質，也就是物質化，用顯微鏡來觀看，金粉確實就是金子。不過，一般經過一週左右以後，它就會如同雪花一樣融化消失。有時是金子，化驗時明明發現它確實含有黃金成分，但很快它又消失了。換言之，世間的物質存在，其實是可以透過靈性的能量創造出來。

疾病也是如此，若身體的某個部位出現病症，比如體內患有癌症，其實也是一種靈性作用、異物進入了人體所造成。

反之，宗教中也常有疾病治癒，癌症消失的現象，還曾經發生過這樣的奇蹟：「原本腹中長了一個大腫瘤，但一下子就消失了。前幾天還有癌症的病灶，但如今再照X光，卻消失了。」這也是對「色即是空，空即是色」的解釋。

因此，眼所可見的存在，可能是從眼所不見之物當中出現的；而現在眼所可見的，也可能消失在眼所不見的世界，疾病時有時無的現象也是如此。

正如上一節所述，有一些現象，並非是像人生歷經幾十年來往於世間和靈界，而是出入於「現在」，出入於物質化和靈性世界，這也解釋了「色即是空，空即是色」。

在最先端的物理學當中，也有很多這樣的實例。提及基本粒子的世界，物理學家似乎還並不理解，對於時有時無的現象，物理學者也常說「彷彿幽靈一樣」。因為它既像光、又像粒子、像光波，時而出現，時而又消失，並可以穿越牆壁，真的就像幽靈一樣。

若物理學進一步發展到接近於「空」的理論時，就能夠進行科學性地闡述了。

本節列舉了金粉和疾病的例子進行說明，若進一步理論性地概括起來，即是《黃金之法》（幸福科學出版發行）當中所講述的「佛光物理學」。屆時，就可以透過佛光解釋一切事物。

當佛光停在靈性的狀態時，是做為實在界的存在。但若是停在比重較大、波長雜亂的狀態，就會降臨下來化成物質，變成現象界的存在。

有一種思想是「靈肉二元論」。當然，稱為「二元」也沒錯，可以說「靈魂與肉體是不同的」。反之，也可以說靈魂與肉體是相同的。

從世間的觀點來看，靈魂和肉體是不同的，但從更高層次的佛光物理學來看，這兩者都是透過佛光形成的。透過佛光形成了靈體，當這個靈體的比重不斷下沉，變成能夠耐受深海高壓一般的形態時，就會變為物質。

換言之，生活在物質世界的我們，就好比是爬行在海底的螃蟹。螃蟹的甲殼承受著好幾噸的壓力，卻可以毫髮無傷地生活在海底，而我們也是這樣的存在。在深海生活的螃蟹的甲殼，就相當於我們的肉體，因此，人體也能夠承受

5 「空」——③緣起的理法

接下來，我要對「空」進行第三點說明。

這是以往的佛教也常常會用到的說明方法，即透過「緣起」的理論來解釋「空」，也就是「實在的事物，或者說擁有實體的事物，是不變的。那是一個穩固的存在，是不會變化的。現實中一直存在的事物，才是實體」的思想。

然而，環顧世間的萬事萬物，沒有任何一個實體。比如說一只手錶，看起來現在的確是存在的。然而為了製作這只手錶，背後經過了很複雜的過程。它的金屬部分或許不是產自日本，而是採自國外的礦山。將礦石進行精煉，然後才帶到日本，在工廠進行熔化之後才鑄造成型。另外，製作零件和機械的內部是兩個不同的過程。製造玻璃也有工序，製造錶盤也需要技術。還有塗料，錶上面的塗料是怎麼生產的？錶盤上寫著數字，這數字又是誰發明的？或許是古代文明史上的人發明的。最後，機械之所以可以運轉，是因為有發明機械結構的人，有實際生產的人。為了量產，需要有工廠，還需要很多的勞動工人。就像這樣，各種因素的集結，才終於有了現在這只手錶的存在。

如果說它是一個真正的實體，那麼很久之前就應該存在了，不過事實並非如此。很明顯，是許多眼睛看不到的東西集結起來，才有了這只手錶的。

如此看來，它並不是真正的實在物質，或者說擁有實體的物質，而只不過是人力勞動、零件和各種材料等集結而成的，現在暫時顯現為手錶的形態而已。一百年過後，這只手錶恐怕將不復存在，可能是某處遭到損壞、被分解扔掉，也可能會重新組裝成別的東西，或者是回歸泥土。

這與「諸行無常」的思想也有一定的聯繫，世間的萬事萬物，皆是沒有實體的，擁有實體的事物，應該是恆定不變的，但事實並非如此。一切皆是由眼所不見的許多東西集結而成，並經過一個時間點，存在於現在的事物。就好比是新幹線經過城鎮的小站時，車站的工作人員拿起相機拍下高速經過的列車，但他只能拍到這一張，再想拍第二張時，列車就已經開過去了。現在這個時間點看上去是靜止的，但從時間的大河來看，這是根本不可能的，這就是「緣起」的觀點。

那麼，到底何謂「緣起」呢？緣起的法則，就是透過原因、結果的連鎖進行說明。這個原因和結果，在古語中常被稱為「因緣」。「因」，就是原因的因，也就是事情開始的緣由、開端，「緣」則是指條件，有了「因」和「緣」

以後，才會產生結果。

比如說水的例子，用化學元素來表示的話，化學式是H_2O，即水是由氫氣和氧氣所構成。然而，只要有氫、有氧就會有水嗎？也並非如此。要把氫氣和氧氣混合後放入試管，用酒精燈點火，經過燃燒，才能生成水，氣體瞬間變成液體。換言之，氫和氧是「因」，點火加熱是「緣」，即條件，才產生水這個「結果」。

植物也是如此，並不是有了種子就有花，也不是播下種子就能立刻開花。只有將種子埋在土中，攝取充足的養分和適度的水分，並接受到日照等，具備許多條件之後方能產生結果。這就是因緣的關係，因緣的思想。

也就是說，因和緣，兩者缺一不可。此外，切不可認為有了原因，就會立刻出現結果。為此，還需要條件的累積。

對於人而言，這個條件就是指修行。各位每個人的心中都有著佛性、如來的性質——相當於《楞伽經》中的「藏識」，或者是制止無明時的「阿梨耶識」（真諦三藏譯《大乘起信論》中為真妄和合識），「如來藏」、「自性清淨心」，或是做為九識說、無垢識的「阿摩羅識」，以及「真如」等，各位皆抱持著如來的佛性。然而，並不是說各位有著佛性，就都能夠成為如來，這就是對因緣的說明。

6 靈魂修行和薰習轉變之理

此處是很容易產生誤解的地方，在佛教當中，若是信徒都認為「原本我們都是與佛一樣的，既然是人人平等，那麼我們都是佛」，但如此一來修行理論就毫無意義了，因為這就相當於「有了種子，就會開花了」的想法。

然而，這是錯誤的想法。雖然各位都有著如來的種子，但為了讓種子開花，還是需要一定條件的。正如開花需要條件一樣，人也需要努力精進，為此，還需要修行。在修行過程中，既包括學習知識，同時還需要實踐，且必須要不斷地磨練己心。知道這一點以後，才有可能獲得覺悟。有了如來的素質、佛性，再加以磨練，才可能產生覺悟這個結果，而這個結果，就是指成佛。

這個階段的修行，可稱為「薰習」。人們常說「薰習理論」，就好比是做煙燻鮭魚時，要用煙來燻烤，味道才能滲進去，這種滲透的感覺就是「薰」。此外，「習」就是滲透的習性，這就是「薰習」。

換言之，在世間數十年的靈魂修行過程中，人在世間學到各種東西，將直接滲透到靈魂深處。當它們到達了稱做「阿賴耶識」（注）的深層心理時，就將變成轉生輪迴中「業」的部分。若是沒有到達「阿賴耶識」就不會成為業，但如果一旦變成了業，靈魂就會一直帶有這種傾向性，此時，就會產生「薰習」。

這也可稱作是「薰習轉變的理論」，換言之，香氣滲透，附加上各種的條件以後，就會產生結果。直至此處，就可以解釋很多佛法理論了。

正如「緣起」的解釋所言，各種眼所不見的事物集結起來，便產生了結果。但這個結果，又將變成下一個原因，經過下一個過程，導致下一個結果。就像這樣，原因、結果，原因、結果……不斷地累積，就構成世間上的萬事萬物。

有了他物——其他的原因和條件，既然要依存他物而存在，那就不是實體，因此就是「空」。於是，就產生了「空」的理論。

依存於他物的現象，可稱之為「依他起性」，也就是依存於其他事物的性質。這也可用作對「緣起」的說明——依存於他物而成立、存在的事物，不可稱為實體，憑藉他力而生存、存在的並非是實體。因此，世間的萬事萬物，皆是依靠他物而存在的，所以都不是實體。藉此，就產生「空」的理論，這是傳統的佛教教學中就存在的思想。

總之，對於「空」，第一點，是藉由關於靈界和世間的循環來進行說明。第二點，是藉由靈性能量轉變為物質、物質化的事物，亦將返回靈界的物質現象來進行說明。第三點，則是透過緣起的理法來說明。依靠他物而存在的事物並非是實體，亦不是本來的存在。

這三點就是對於「空」的代表性說明，雖然我講解得很簡單，但在傳統的解說書中，卻從未有過如此明確的說明。因此，這絕對是幸福科學的原創理論。

除此之外，還有人將「空」理解為「不執著」的人生信條。不過，對於「空」和「緣起」等教義，今後我還將會做進一步的解說。

（注）「阿賴耶識」：「阿賴耶識」一詞是引自玄奘三藏（六〇〇～六六

四年）翻譯的《唯識說》，也就是潛在心的意思。在《唯識說》中，人的意識構造是由眼識、耳識、鼻識、舌識、身識、意識的六識，加上第七識——末那識，以及第八識——阿賴耶識所組成的，而阿賴耶識就是輪迴的主體。然而，若依據這個分類，幸福科學的四次元世界，即幽體部分為末那識。此外，五次元世界以上為阿賴耶識。但如此一概而論，對於佛性、神性的解說將會變得難以理解。如今，玄奘翻譯的「阿賴耶識」也被譯為「妄識」，原文同為ālaya-vijñāna；但真諦三藏（四九九～五六九年）翻譯的「阿梨耶識」（大乘起信論）為「真妄和合識」，對八次元以上的世界也進行了解釋。而在禪宗也很重視的《楞伽經》中，「阿賴耶識」被譯為「藏識」，與「如來藏」（參照下卷第六章被視為同樣的意識。此外，在真諦系統的攝論宗中，為了解決混亂，建立了第九識「阿摩羅識」，意為「自性清淨心」，心中的鑽石。

第六章

業與輪迴

1 「業」和宗教

做為前一章「緣起論」的延長，本章將講述與「十二緣起」相關連的——轉世輪迴的系統。

本章的題目是「業與輪迴」，想必各位也常能聽到「業」這個詞。所謂「業」，就是做為人而出生、成長、死去的過程中，所產生的傾向性。因為是一種傾向性，所以一旦形成後，就會以此為基準衍生出各種新的想法和行動。雖然是自己本身產生的靈魂傾向性，但最終卻將被它左右自己的想法和行動，這可謂之「業」。

事實上，對「業」進行各種分析，並教導何謂做為人的應有之姿、生活方式的，就是宗教。宗教超越道德的地方，就在於從與來世的關連中教導今生的人生態度。一面解釋今生與來世的關係，一面探究人的人生態度，這就是宗教的本質。

這是在哲學、道德，或醫學等當中是不會教導的內容。宗教原本就是一門綜合學，是綜合性的人類學，亦是教導人們存活於天地萬物當中的人生態度之學問。

凡是學習佛法的人，都必定在某處看過、聽過「十二因緣」的思想。由於有十二條之多，所以人們通常都記不清而經歷四苦八苦。這的確是很難記住，其原因在於，這不是釋迦原創的理論，而是後世弟子們熱心研究，不斷進行分析、分解之後，才增加到十二條，這就是「十二因緣」由來的真相。

2 惑、業、苦——三道

釋迦在菩提樹下悟到的「因緣的理法」，即是「惑、業、苦」，這亦可統稱為「三道」。所謂「惑」，就是第二章中解釋過的「貪、瞋、癡」，也就是貪婪之心、憤怒之心、愚昧之心，即是指人的苦惱中心的「心之三毒」，這是困惑的中心、根本。

在被「貪、瞋、癡」所困擾的生活當中，就產生了所謂的心靈傾向性，這就是「業」，即基於「惑」所產生的善惡的「業」。當然，既有價值中性的業，也有「待人和善」的良善傾向性。

不過，任其自然發展的話，會出現比較多不好的傾向性，這是人之常情。若是放任不管就能往好方向發展的話，人就不會受苦，也不需要宗教了。然而放任不管時，一般人都會往不好的方向發展。因此，「業」也多被用做負面的意義。

基於「貪、瞋、癡」產生了「業」，其結果導致了「苦」，這個「苦」，當然在有生之年就會顯現出來。年輕時放蕩不羈的話，到了中年、壯年期就會自食其果。比如說，年輕時暴飲暴食，年紀漸長後身體就會變糟；年輕時不好好學習，將來就會影響工作上的升遷，這些都是必然的。或者說年輕時出現家庭問題，晚年就必將度過寂寞的人生。

就像這樣，「苦」的現象當然在有生之年也會發生，但這不僅是有生之年的因果，有時還將持續到來世。做為「業」之報應的結果，就是「三界流轉的痛苦」在等待著。

「三界」，就是指「欲界」、「色界」和「無色界」。所謂「欲界」是以人的欲望為中心而輪迴的世界。「色界」是稍微脫離了人的欲望，較為精神性的世界。「無色界」則是脫離了人的屬性，梵天、如來的世界。

在「欲界」生活的人，還依戀著世間的生活。在此之上的「色界」，用幸福科學的話語來講，就是六次元的上層階段至七次元之間的世界，是懂得精神生活之重要性的人所居住的世界。再往上就是抱持著做為梵天、如來的自覺，八次元以上的人所居住的「無色界」。來世大致可分為這樣的三界，但通常都是在欲界——「地獄、惡鬼、畜生、修羅、人、天」等稱為「六道」的世界，再次經歷轉生。

因此，在轉生以後，有人常常會怨天尤人、責怪父母。比如「自己為何要度過這種人生」、「自己的出身為何會這般不好」、「自己為何是這種命運？」等等。

對此，有一個「不可對此怨恨」的理論——「你現在過著這種的人生，其實是你自己的前世所造成的，有了前世的因，才會有現世的果。不可忘記這個道理，將自己的不幸歸咎於他人或環境，更不可怪罪於佛。」

來世是確實存在的，即便現狀是痛苦的生活，但還會有來世。若是考慮到來世的生活，就應該正確地看待現狀的自我姿態，至少不可讓現在的苦惱再變成來世苦惱的根源。

現在不切斷這種煩惱，日後就沒有機會了。因此，請務必在現世就斷絕這種苦惱的根源，斬斷來世不幸的根源。

這就是釋迦的教義。

3 五支緣起與十支緣起

「惑、業、苦」的理論進一步發展，就變成了「五支緣起」，我將分為五個部分進行說明。釋迦在世之時，就曾有如此理論。

首先是「愛」，在以前的佛教用語中，「愛」多被用作負面的意思，也被稱做「渴愛」。這就好比是渴了非常想喝水一般的感覺，或者是沒有吃早餐、午餐，所以到了吃晚餐時就狼吞虎嚥一般的感覺。這種貪婪感、被欲望驅使的狀態，就是「渴愛」的狀態。

其次是「取」（執著），這是指執著於某種事物，而無法從腦海中忘懷的狀態。

隨著「愛」和「執著」的產生，結果就導致意味著困惑生存的「有」，以及靈魂的存在或傾向性。

這個結果，就是來世的「生」——誕生，連帶「老死」——衰老死去的痛苦在等待著。

就像這樣，將「惑、業、苦」的三大分類，進一步分成了五類。為了讓各位更容易理解，我將以食欲為例進行說明。

有人認為「世間生活的意義，就在於吃飯」，在此人看來，「只有吃飯才是人生的喜悅，否則人生就沒有意義。因此，將每晚可以享受美食視作是生活的意義」。這種人被食欲所占據，一味執著於「想吃美味的食品」、「想吃法國菜、想吃中國菜……」。於是，在他的靈魂當中，就將被刻印上對於食物的執著。

如此一來，因為回到靈界後沒有了肉體，即便靈性中還有想要吃東西的感覺，卻無法再得到滿足。因此，他就會希望再次回到世間，吃美味的食物，繼而誕生於世間。然後繼續在「我要吃、我要吃」的念頭中暴飲暴食，上了年紀以後就在痛苦中死去。如此往復循環，變成接近於動物的生活。

再比如說，對於異性的情欲。這種「渴愛」，就是見到異性後立刻眼睛一亮，覺得對方「實在是太美了」，感到目眩神迷，由此就產生了執著，開始身陷異性之間的關係中。跟食欲一樣，這種人總覺得「男女之間的連結是最美好的，最幸福的。除此之外，再沒有別的生活意義」。於是，這種欲望也將烙印在靈魂深處，形成「有」的狀態。換言之，這種欲望將確切地存在。

如此一來，回到靈界後沒有了肉體，此人就會感到非常寂寞，想要再次轉生到世間。他希望「回到世間，和異性過著愉快的生活，地上才是樂園」，繼而再次轉生於世間。然後繼續瘋狂地遊玩，最終嘗受蒼老死去的痛苦。

釋迦曾說「人就是在這迷惑的世界中轉生輪迴」，但他在世之時只講述至此。

後來，理論變得越來越詳細，產生了「十支緣起」的思想。

此外，「緣起」這個詞，是透過時間的觀點來解釋萬事萬物成立的狀態。此詞的由來，是源自「因緣生起」——因緣的產生和起源。換言之，是從因緣生起當中提取了「緣起」二字。

因此，有時說「十二緣起」，有時則說「十二因緣」，這兩者是區分使用的。嚴格地來講，「因緣」是指原因和條件，或是直接原因和間接原因。而「緣起」則帶有想像事物逐漸地形成並變化的狀態。

<table>
<tr><th colspan="4">緣起</th><th colspan="3">三世兩重的因果</th></tr>
<tr><td rowspan="12">十二因緣、十二支緣起</td><td colspan="2" rowspan="2"></td><td>無明</td><td>＝愛、取</td><td>因</td><td>過去世</td></tr>
<tr><td>行</td><td>＝有</td><td rowspan="6">果</td><td rowspan="9">現在世</td></tr>
<tr><td rowspan="10">十支緣起</td><td rowspan="5"></td><td>識</td><td>＝生</td></tr>
<tr><td>名色</td><td rowspan="4">＝老死</td></tr>
<tr><td>六處</td></tr>
<tr><td>觸</td></tr>
<tr><td>受</td></tr>
<tr><td rowspan="5">五支緣起</td><td>愛</td><td rowspan="2">＝無明</td><td rowspan="3">因</td></tr>
<tr><td>取</td></tr>
<tr><td>有</td><td>＝行</td></tr>
<tr><td>生</td><td>＝識</td><td rowspan="2">果</td><td rowspan="2">未來世</td></tr>
<tr><td>老死</td><td>＝名色、六處、觸、受</td></tr>
</table>

（注）：老死是為名色、六處、觸、受的四支，名色也就是說人的身心要素的發生是老死的開始，無非是老死發生的意思。（梶山雄一說）

「支」，就是指「分支」，表示分類。既有分為五支的緣起，也有分為十支的緣起，還有「十二支緣起」，即分為十二支的緣起。

在此，我想要解釋一下「十支緣起」。所謂「十支緣起」，即是從「十二緣起」（十二因緣）中減去「無明」和「行」，從轉生之時開始的。首先有想要轉生的意識（識），其次是意識加上肉體的外形，形成了胎兒的「名色」。再次有「六處」（又名「六入」）——「眼、耳、鼻、舌、身、意」，有「觸」，即手、腳等的觸感。隨後是「受」，即感受性，進而是自己的喜好——「愛」的確立。確立了「愛」以後，就會產生「取」，即對於某種事物的欲望。繼而執著於此，就將形成靈魂的傾向性，也就是「有」。如此一來，還將有來世的轉生，有「生」和「老死」。這就是「十支緣起」。

為何要對做為胎兒的轉世過程進行這樣的說明呢？這常常被稱作「胎生學

的解說」。在釋迦時代的印度，解剖學已經相當發達了，當時經常對腹部進行解剖，並研究其內部。在當時來說，醫學和佛教學並沒有太大區別，同樣有著探究人類的態度。

「人為何要出生、死後又會怎樣？」這是一個很重大的課題。關於轉生的系統，當時的人們都很好奇，所以一直想查明這個問題。當時的那些醫學知識，可以說也對「十支緣起」進行了解釋。

不過，此處還存在一些問題。對此，我將透過「十二緣起」進行說明。

4 基於「十二緣起」的輪迴觀

首先，存在「無明」，即世間當中有著以「貪、瞋、癡」為中心的迷惑之念。然後，有了基於此念的行為——「行」，這個「行」即將變成業。業烙印在靈魂深處以後，繼而形成了來世轉生時的靈魂主體——「識」。

轉生時這種靈魂的「識」宿於體內，可稱之為「名色」。這個詞是原始語言的譯文，從古代一直沿用至今。這個「名」和「色」不是很好理解，通常代表著「精神和肉體」，或者說「心和身體」的意思，這就是「名色」的語源。

不過，這裡存在一個問題。按照這種解釋，是意識宿於胎兒的體內，成為

「名色」，從而產生了「眼、耳、鼻、舌、身、意」等感覺器官。按照當時的轉生思想來說，透過精子與卵子的結合，在腹內受胎的階段靈魂就會進入身體（這種思想稱為「結生識」）。

這樣思考的話，理論上就能說通了。精子和卵子結合時，轉生的意識進入了腹內，隨後，意識及其相合的肉體，也就是胎兒的身體也相繼形成。接下來，「眼、耳、鼻、舌、身、意」，即眼睛、鼻子、嘴等感覺器官也明確出現。已經形成的感覺器官，進而可以接觸各種的物質，從而產生了感受性。就像這樣，在理論上是說得通的。

然而，就我的研究來看，一般是在第九週，進入第三個月時，靈魂才將宿於胎兒體內。若是對胎兒的形態進行觀察，就會發現一般是在第四週時，胎兒才會出現動物般的外形。雖然有了類似手腳、頭部和眼睛等外形條件，但做為人胎還沒有完全成形。到了第八週左右時，才具備了作為人胎的外形，能與動物明確地區別開來，有了眼、鼻、口、耳等感覺器官。進入第九週時，靈魂才將實際進入體內。我們家的孩子就是如此，在第九週之前靈魂還沒有進入體內；即便如此，胎兒還是可以存活。

我認為這應該是精子和卵子所帶有的生命能量，與母體所持有的生命能量相結合，為胎兒的肉體外形以及外在的幽體部分，提供了八週以內的「原料」，或者說「元素」。總之，啟動肉體器官的意識，就是在這段期間逐漸形成的。換言之，構成將來的幽體，以及掌控內臟器官和肉體的靈體的基礎，都是在這段期間形成的。在具備了做為人的外形以後，靈魂的本體才將進入體內，這就是胎兒形成的真實情況。

這樣看來，在「十支緣起」和「十二緣起」當中，以「識」為轉生的開端，認為「先有靈魂的意識進入，繼而產生了心和肉體，再出現六根」的想法，其實是說不通的。在「名色」的階段，意識還在靈界當中「待機」，但同時在腹內，肉身即類似於動物的胎兒正在逐步形成。

因此，意味著「精神和肉體」，或者說「心和身體」的「名色」這個詞，還不夠確切。在真正意義上來說，代表肉體正在逐漸明確化的「明色」一詞，才更為準確。

可是，在學術上沒有這樣的用法，因此不推薦各位使用。但在真正的意義上來說，靈魂沒有進入胎兒體內，所以「名色」的說法是不正確的。

接下來就是「六處」，就是指從第八週到第九週之間，胎兒的手足、耳鼻等將逐漸成形。在這個階段，靈魂已經進入了體內，開始做為一個人並且自我控制。

我的觀點是這樣的，直至「六處」之前，都是在胎內的過程，往後則是出生以後的階段。「觸」是指兩、三歲兒童的感覺，「受」則是隨後到懂事的階段，也就是感受性變得豐富起來的階段。

不過，也有人認為直至「受」之前，全部都是在胎內的過程。做為胎生學的觀點，他們認為「胎兒在母體中就可以觸碰，擁有感覺」，從而將「受」之前的意識全部歸於母體階段，但我認為這是不成立的。

當胎兒出生以後，就會開始接觸、並感受各種物質。於是，感覺漸漸敏銳起來，能夠獲得各種感受，在這個過程中，還將明顯地形成好惡，這就是「愛」。從懂事開始，喜好就會很明確，這就是十二歲到二十五歲之間的青春期。少年、青年時期是「愛」的時代，換言之，就是明確地知道自己怎麼樣才會快樂，明白自己喜好的時代，這也是愛欲旺盛的時代。

然後，就是成為大人，產生執著的時代，真正出現執著的時代可稱為「取」，這是指二十五歲到五十歲的階段。

繼而，就是形成靈魂傾向，稱為「有」的時期，一般是在五十歲左右。聞此，或許有人會很失望，在十歲的時候，此人根本不知道自己將來會長大、變老、死去，或來世轉生時會變成什麼樣子。到了二十歲時，也還是不明白。等到三十歲時，此人的靈魂傾向性、器量和能力等已經很明確了，但因為今世的人生尚未定型，來世也就無從決定了。

然而，到了五十歲左右時，對於自己的能力、過去的工作經歷等等，今世的評價已經成型了，到了這個時候，八成都已經定下來了。換言之，當被告知「你就是這種人」時，可以辯駁的餘地也只剩下兩成。在五十歲的時候，來世的情況已確定了百分之八十，但還有百分之二十掙扎的餘地。然而，等到棺木被蓋上以後，就不再有任何辯解的機會了。實在界的銀幕上將放映出自己的一生，於是就只能進入相應的世界。總之到了五十歲時，人生已所剩無幾，來世的「生」、「老死」（老病死憂悲惱苦）又將會開始。

此外，還有人將這個「十二緣起」進一步分類，認為有了過去世的「無明」和「行」這個因，就有了稱為「識、名色、六處、觸、受」的果。

此外，因為「愛、取、有」這個人生過程中產生的新原因，就有了「無明」和「行」，從而導致了「生、老死」這個果。就像這樣，因果是雙重出現的。

此外，因為是貫穿於過去世、現世（現在世）和未來世這三世之間的輪迴轉生，所以將之稱為「三世兩重的因果」，可謂是理論性非常強。

佛陀的弟子們，多半是跟哲學家一樣有著聰明的頭腦，所以就做了這般詳盡的分類。但也因此，讓後人背誦起來十分頭痛。若是能回到「三道」的階段，那就簡單多了。透過「惑、業、苦」來說明的話，立刻就能夠明白了。然而「十二緣起」，實在是難以記住。

5 探究三世靈魂的流轉

關於「十二緣起」，還存在一個很大的問題。

有了「無明」，所以就有「行」；
有了「行」，所以就有「識」；
有了「識」，所以就有「名色」；
∫
有了「生」，所以就有「老死」。

就像這樣，按照「有了原因就有結果」的順序進行分析，可稱之為「順觀」（流轉的緣起）。反之，亦有逐漸消除的方法。

沒有「無明」，所以就沒有基於無明的「行」；

沒有「行」，所以就沒有「識」；

（換言之，就沒有做為靈魂的傾向性）

沒有「識」，所以就沒有「名色」；

沒有「名色」，所以就沒有「六處」；

～

沒有「取」，所以就沒有「有」；

因此既無來世的「生」，亦無來世的「老死」。

就像這樣逐漸消除的過程，可稱之為「逆觀」（還滅的緣起）。（另一種觀點認為，存在老死，是因為有「生」；存在「生」，是因為有「有」～存在「行」，是因為有「無明」，就像這樣由下往上的推法，稱之為逆觀。）

佛教學中通常認為「釋迦在菩提樹下開悟的時候，是從順逆兩個方向對『十二緣起』進行了思考，並檢視了自己」。

「人的轉生是這樣的過程，有了『無明』，才會有『行』……。有了如此的順序，才會有『生和老死』，這就是人生轉生的過程。因此，反過來講，只要消除了『無明』，一切就將隨之消失了。」——有許多佛教書指出，釋迦是進行這般的順逆觀以後開悟的，但這有點說不通的。

消除「無明」就可消除一切的理論，聽起來似乎有道理。但照此理論，開悟之後就一切全無了。於是，也就沒有來世的「生」和「老死」。換言之，沒有了「無明」，也就沒有基於無明的「行」；沒有了「行」，也就沒有「識」。按照這樣的理論消除下去，最終靈魂也必將會消失。

如此一來，結論就變成了「覺悟是好事，但覺悟之後自己就消失了」。因此，人到底是為何而覺悟，就完全不得要領。

因此，很明顯這是後世的形式理論者創造的理論。好不容易積累修行的結果，竟然是全部消失了，這實在是讓人難以接受。

如果說開悟者留下，未開悟者消失的話，還可以理解。就像是基督教所講的「不信仰者入地獄受業火焚燒，信仰者則得永生」，這雖然不正確，但在某種意義上至少是說得通的。

然而，這個消除「無明」的理論，搞不好就會讓人誤以為「開悟之人的存在本身都將會永遠消失，而僅有未開悟之人，才能透過做為靈魂的實體再次轉生」，所以這實在是令人為難。總之，這個理論是有其瑕疵的。

此時，或許有人會想諷刺道：「如此說來，『無明』本來就是無法消除的吧！」誠然，「無明」確實有可能是無法消除的，但各位卻不應如此理解，因為從「若是消除了最初的『無明』，就不會透過迷惑的生存，而產生迷惑的轉生輪迴」的這個角度，來看待這個「因緣」的理論才是比較明智的。

也就是說，「基於食欲和性欲的轉生輪迴，帶著『懷念、迷戀世間』的想法不斷轉生，卻忘記了自己的靈魂故鄉是何處」，藉由消除最初的無明，如此轉生輪迴即會停止，這樣的觀點才是正確的。

這是以「十二緣起」為中心的說明，但也帶有佛教的特徵。從過去世、現世和來世這三世的靈魂流轉過程來看，其中又導入了醫學的思想，所以說也是一種很科學的理論方向。而且，此處亦有了探究原因，進行理論性、理性說明的傾向性。

「十支緣起」和「十二緣起」，它們本身並不是釋迦的思想，不過這種分析的思考方式，以及建立系統理論的想法，卻又是釋迦本身的思考模式，佛教的理論模式就是如此。若將其導入現代社會後，我想佛教將會成為一門更為科學、富有理論性的宗教。

將釋迦佛教和現代的佛教相對比，反而是現代的佛教更染上了傳統的習俗，缺乏理論的分析、科學的探討和醫學的研究。

無論如何，在原因和結果的連鎖反應中思考人生，是一種非常重要的思考方式，也是佛教當中的根本性思考方式。

那麼，從本章的題目「業與輪迴」的角度，又可作如何解釋呢？

人是不斷經歷轉生輪迴的存在，因此，在思考現在這個時間點、現在的自己時，切不可只將座標軸限定於現在，而必須考慮到自己的過去世、來世是怎樣的。如果將來世視作為靈界的話，那麼下一次轉生於世間時，或許就要稱之為來來世了。而此時，就必須再考慮到與來世、來來世的關係。

這般思考的話，就可以確定自己現在的分數。

如果滿意度的滿分為一百分的話，就會有人得九十分，有人得七十分，還有五十分、十分……等等。那麼，可以對此有怨言嗎？

若是現在分數很低的話，恐怕是過去世出現了問題。因此，切不可放任不管，將問題一直帶到來世。

為了來世不再有怨言，就必須在現在的環境中，盡自己最大的努力去獲得最大程度的覺悟。

這也關係到來世的幸福，當然，來世的幸福既是指回到靈天上界的幸福，也是指再次轉生時的幸福。

總之，幸福科學所教導的，就是這種更長遠的、廣闊意義上的人生幸福。

6 「靈魂兄弟姐妹的理論」與輪迴

在幸福科學的輪迴思想當中，還有一個在佛教時代尚未提及的內容，那就是「本體、分身」的理論。

不過，做為相似的思想，以前有過「過去七佛」的解說，但嚴格來講，我認為這種解說並不夠透澈。事實上，還有著靈魂兄弟姐妹的存在。

對此，必須要做出詳細的說明才行。人們通常認為「人是做為單體的個性而轉生的」，但實際上，人原則上是由「一個本體、五個分身」構成的靈魂集團，並且是六人輪流轉生的。

如此一來，十二緣起的思想中又加入了另一個變數，做為靈魂集團的「十二緣起」，就隨之產生了。因此，從原本僅是個人的修行，變成了是靈魂集團整體修行的問題。

換言之，一個靈魂此次轉生到世間生活時，他的人生態度和成績，亦將影響到其他靈魂兄弟姐妹的幸與不幸。透過此次的人生態度，將會改變到下一次轉生的靈魂的計畫，或者說方向性。

對此，或許有人會感到難以理解，但是仔細想想，人有著心臟、肝臟、胰臟、腎臟等內臟器官，其中有哪一個是可以任由人的意志控制的呢？若是可以透過人的意志自由運轉和停止就好了，但事實並非如此。

如果要一直去計算心臟的跳動，恐怕就會夜不成眠了。然而，心臟的跳動與人的意志無關。

因此，即便是自己的身體，也無法按照自己的意志運轉，身體的內部還有著各自獨立存在的個體，我們就是做為一個生命的集結體而存在的。

而靈魂兄弟姐妹的集團，也是一樣的原理。

對於心臟在體內進行與自己的意志無關的活動，沒有人抱有異議吧！此外，對於肺臟自己在呼吸、腎臟自己在過濾尿液等，也沒有人存有意見吧！雖然各位並未刻意發出命令，它們卻自己存活著且共存著。

與此同理，靈魂兄弟姐妹也是在各自存活著的同時，共同構成了一個大的靈魂體。這跟內臟的例子是一樣的，與頭腦接近的部分是本體，其靈格也較高，能夠決定靈魂整體的進步。

因此，若是靈魂兄弟姊妹當中的一人墮入了地獄，就相當於身體的一個部位生病了。比如說，眼睛生病了、鼻子生病了，或是心臟、腎臟等出了問題。

總之，某個部位生病時，全身都會感到難受。

此外，若是最重要的部位——大腦出了問題，就無法再繼續做為人的修行。同樣的，靈魂的本體也負有非常重大的使命。因此，很少有本體墮入地獄的事情發生，大多都是行為不端的分身墮入地獄。

當靈魂兄弟姊妹當中的一人墮入地獄時，靈魂集團的整體都會很痛苦。然而正如生病的人也能活下去一樣，即便是靈魂兄弟姐妹當中的一人墮入了地獄，集團整體還是可以存活的。其他的靈魂兄弟仍然還在工作，只是整體能量下降了不少。

就如同身體的某部位出現問題時，人們會想要儘快治癒它一樣，若有一位靈魂兄弟姐妹墮入地獄，其他的靈魂兄弟姊妹也會為了拯救它而拚命努力。

關於從靈魂兄弟姐妹的觀點所看到的轉生輪迴，今後我還會進行更詳盡的

後記

我在幸福科學講述的佛法真理，涵括了各個領域，而且內容龐大。但佛教的精神卻猶如樑柱一般，貫穿於其中。這就是超越宗派，跨越小乘、大乘佛教之分的佛陀根本精神。

雖說都是佛教內容，但其中大量包含著後世的佛弟子們在兩千多年時間當中自行修訂的著作。因此，要從現代流傳的各種「佛教學」當中，讀取佛陀的根本思想是相當困難的。然而，若是反覆精讀本書的話，就會明白《覺悟的挑戰》正是透過佛陀自身進行的佛教解說。

佛法宏大無邊，宛如大海，然而正如任何地方的海水都是鹹味一樣，我所講述的佛法雖然廣大，但任何部分也都帶有「覺悟的味道」，在宛如大海一般的覺悟之中，能夠孕育並棲息無數的生命。

一九九三年　六月

幸福科學集團創立者兼總裁　大川隆法

HAPPY SCIENCE

幸福科學集團介紹

幸福科學透過宗教、教育、政治、出版等活動，以實現地球烏托邦為目標。

幸福科學

一九八六年立宗。信仰的對象為地球靈團至高神「愛爾康大靈」。幸福科學信徒廣布於全世界一百多個國家，為實現「拯救全人類」之尊貴使命，實踐著「愛」、「覺悟」、「建設烏托邦」之教義，奮力傳道。

愛

幸福科學所稱之「愛」是指「施愛」。這與佛教的慈悲、佈施的精神相同。信眾透過傳遞佛法真理，為了讓更多的人們能度過幸福人生，努力推動著各種傳道活動。

覺悟

所謂「覺悟」，即是知道自己是佛子。藉由學習佛法真理、精神統一、磨練己心，在獲得智慧解決煩惱的同時，以達到天使、菩薩的境界為目標，齊備能拯救更多人們的力量。

建設烏托邦

我們人類帶著於世間建設理想世界之尊貴使命，而轉生於世間。為了止惡揚善，信眾積極參與著各種弘法活動。

入會介紹

在幸福科學當中，以大川隆法總裁所述說之佛法真理為基礎，學習並實踐著「如何才能變得幸福、如何才能讓他人幸福」。

入會

想試著學習佛法真理的朋友

若是相信並想要學習大川隆法總裁的教義之人，皆可成為幸福科學的會員。入會者可領受《入會版「正心法語」》。

三皈依誓願

想要加深信仰的朋友

想要做為佛弟子加深信仰之人，可在幸福科學各地支部接受皈依佛、法、僧三寶之「三皈依誓願儀式」。三皈依誓願者可領受《佛說・正心法語》、《祈願文①》、《祈願文②》、《向愛爾康大靈的祈禱》。

幸福科學於各地支部、據點每週皆舉行各種法話學習會、佛法真理講座、經典讀書會等活動，歡迎各地朋友前來參加，亦歡迎前來心靈諮詢。

台北支部精舍
台北市松山區敦化北路 155 巷 89 號

幸福科學台灣代表處
台北市松山區敦化北路 155 巷 89 號
02-2719-9377
taiwan@happy-science.org
FB：幸福科學台灣

幸福科學馬來西亞代表處
No 22A, Block 2, Jalil Link Jalan Jalil Jaya 2,
Bukit Jalil 57000, Kuala Lumpur, Malaysia
+60-3-8998-7877
malaysia@happy-science.org
FB：Happy Science Malaysia

幸福科學新加坡代表處
477 Sims Avenue, #01-01, Singapore 387549
+65-6837-0777
singapore@happy-science.org
FB：Happy Science Singapore

覺悟的挑戰（上卷）現今，嶄新的法輪開始轉動

悟りの挑戦　上卷　いま、新たな法輪がめぐる

作　　者／大川隆法
翻　　譯／幸福科學經典翻譯小組
封面設計／Lee
內文設計／顏麟驊

出版發行／台灣幸福科學出版有限公司
104-029 台北市中山區中山北路三段 49 號 7 樓之 4
電話／ 02-2586-3390　傳真／ 02-2595-4250
信箱／ info@irhpress.tw
法律顧問／第一法律事務所　余淑杏律師

總 經 銷／旭昇圖書有限公司
235-026 新北市中和區中山路二段 352 號 2 樓
電話／ 02-2245-1480　傳真／ 02-2245-1479

幸福科學華語圈各國聯絡處／
台　　灣　taiwan@happy-science.org
地址：台北市松山區敦化北路 155 巷 89 號（台灣代表處）
電話：02-2719-9377
官網：http://www.happysciencetw.org/zh-han
香　　港　hongkong@happy-science.org
新 加 坡　singapore@happy-science.org
馬來西亞　malaysia@happy-science.org
泰　　國　bangkok@happy-science.org
澳大利亞　sydney@happy-science.org

書　　號／978-626-95395-8-1
初　　版／2022 年 1 月
定　　價／380 元

Copyright © Ryuho Okawa 1993
Traditional Chinese Translation © Happy Science 2021

Originally published in Japan as
'*Satori- no-Chosen-Jou*'
by IRH Press Co., Ltd. Tokyo Japan
All Rights Reserved.
No part of this book may be reproduced, distributed, or transmitted in any form by any means, electronic or mechanical, including photocopying and recording ; nor may it be stored in a database or retrieval system, without prior written permission of the publisher.

國家圖書館出版品預行編目（CIP）資料

覺悟的挑戰·上卷：現今，嶄新的法輪開始轉動／大川隆法作；幸福科學經典翻譯小組翻譯. -- 初版. -- 臺北市：台灣幸福科學出版有限公司，2022.1
224 面；14.8×21 公分
譯自：悟りの挑戦·上卷：いま、新たな法輪がめぐる
ISBN 978-626-95395-8-1（平裝）

1. 新興宗教　2. 靈修

226.8　　110020280

著作權所有・翻印必究

本書圖文非經同意，不得轉載或公開播放

廣　告　回　信	
台北郵局登記證	
台北廣字第5433號	
平　　　信	

IRH Press Taiwan Co., Ltd.
台灣幸福科學出版有限公司

104-029 台北市中山區中山北路三段49號7樓之4
台灣幸福科學出版　編輯部　收

請沿此線撕下對折後寄回或傳真，謝謝您寶貴的意見！

覺悟的挑戰（上卷）

大川隆法
Ryuho Okawa

台灣幸福科學出版有限公司

覺悟的挑戰（上卷）
讀者專用回函

非常感謝您購買《覺悟的挑戰（上卷）》一書，
敬請回答下列問題，我們將不定期舉辦抽獎，
中獎者將致贈本公司出版的書籍刊物等禮物！

讀者個人資料　**※本個資僅供公司內部讀者資料建檔使用，敬請放心。**

1. 姓名：　　　　性別：☐男　☐女
2. 出生年月日：西元　　　年　　　月　　　日
3. 聯絡電話：
4. 電子信箱：
5. 通訊地址：☐☐☐-☐☐
6. 學歷：☐國小 ☐國中 ☐高中／職 ☐五專 ☐二／四技 ☐大學 ☐研究所 ☐其他
7. 職業：☐學生 ☐軍 ☐公 ☐教 ☐工 ☐商 ☐自由業☐資訊 ☐服務 ☐傳播 ☐出版 ☐金融 ☐其他
8. 您所購書的地點及店名：
9. 是否願意收到新書資訊：☐願意　☐不願意

購書資訊：

1. 您從何處得知本書的訊息：（可複選）☐網路書店　☐逛書局時看到新書　☐雜誌介紹　☐廣告宣傳　☐親友推薦　☐幸福科學的其他出版品　☐其他

____

2. 購買本書的原因：（可複選）☐喜歡本書的主題　☐喜歡封面及簡介　☐廣告宣傳　☐親友推薦　☐是作者的忠實讀者　☐其他

____

3. 本書售價：☐很貴　☐合理　☐便宜　☐其他

____

4. 本書內容：☐豐富　☐普通　☐還需加強　☐其他

____

5. 對本書的建議及觀後感

____

6. 您對本公司的期望、建議…等等，都請寫下來。

____

____

IRH Press Taiwan Co., Ltd.
台灣幸福科學出版有限公司